明智光秀は生きていた！

謎につつまれた生涯とその最期

川口素生

KKベストブック

実はよくわからない明智光秀の最期――「はじめに」にかえて

天正《てんしょう》10年（1582）6月2日の本能寺《ほんのうじ》（京都市中京区）の変で織田信長を倒したことで知られる明智光秀（1528?～1582）は、同月13日の山崎の戦いでの敗戦後、京都郊外の小栗栖《おぐるす》（京都市伏見《ふしみ》区）の竹藪《たけやぶ》で槍《やり》、もしくは竹槍の餌食《えじき》となり、14日未明に自刃《じじん》して果てた。

場所は現在の伏見区小栗栖小坂町で、そこはやがて明智藪と呼ばれるようになり、石碑も建立されている。

ただし、以上はいわゆる通説であって、光秀の最期や切り落とされたという首の発見状況などに関して異説といわれるものが頗《すこぶ》る多い。

まず、光秀に槍、もしくは竹槍を付けたのは小栗栖の領民といわれているが、その名すら判然としない。本能寺の変で主君を倒したほどの光秀が、領民に体軀《たいく》を貫かれ、自刃を決意したという点からして信じがたい。光秀のような武将であれば、日頃から複数の影武者《かげむしゃ》を置いていたはずで、わけても本能寺の変の後は影武者を増やす、行動を秘匿《ひとく》するなどといったそれ相応の措置をとっていたとみるべきであろう。

さらに、自刃した光秀の首を側近が藪の中へ投げ入れた、光秀の首が溝の泥の中からみつかった、などという信じがたい話も通説とされてきた。以上の点を再検討すると、

「小栗栖で自刃したのは本当に光秀だったのか？　自刃したのは影武者だったのではないか？」

という疑念を、誰もが抱くに違いない。そんな疑念に符号するかのように、江戸時代から畿内《きない》（近畿地方）や美濃《みの》（岐阜県南部）では、

「自刃したのは影武者で、本物の光秀は畿内、もしくは美濃山中で生き延びた」

とする不死伝説がとり沙汰されてきた。加えて、これらの不死伝説に関しては、

「光秀は僧侶の天海《てんかい》となって江戸幕府の基礎固めに貢献した」

「光秀や天海にまつわる埋蔵金が畿内や関東に残っている」

などという明智光秀＝天海説、埋蔵金伝説まで残っている。

そこで、本書では光秀が自刃したとする通説、日本全国に十一か所もある光秀の生誕地に関する諸説などを紹介した上で、光秀の不死伝説、明智光秀＝天海説、埋蔵金伝説のそれぞれについて詳細な分析を加えた。さらに、本書では信長や森蘭丸《らんまる》に関する不死伝説や、現在活躍中の光秀の御子孫の動向などにも触れている。本書をお読みいただければ、光秀やその周辺の人々の不死伝説のすべてがご理解いただけるものと思う。

なお、本文中の年齢は、すべて数え年（和年齢）で記した。

執筆に際しては地元の市町村役場、教育委員会、図書館、博物館、資料館、寺院、並びに住民の方々にお世話になった。わけても、南泉寺（東京都荒川区）住職の釈洋一師、並びに荒深《あらふか》誠市氏、糟屋勝氏、

小出浩氏、同文彦氏、杉本輝介氏、高梨修氏、森靖雄氏、吉田義秋氏、同桂子氏（以上、五十音順）からは懇切なる御教示や、格別の御配慮を賜った。

そして、本書の出版に際しては、株式会社ベストブックの向井弘樹氏に大変お世話になった。末筆ながら、お世話になった方々に衷心《ちゅうしん》より御礼を申し上げる次第である。

令和元年初秋

川口素生

目次

第5章　光秀は畿内や美濃山中で生きていた！

第1章　明智光秀は自刃しなかった！

運命の天正10年6月13日夜

◆明智光秀の謀叛と明智方の京都進撃

主君・織田信長から備中《びっちゅう》（岡山県西部）への出陣を命ぜられた光秀は、天正《てんしょう》10年（1582）5月に居城・丹波亀山城《たんばかめやまじょう》（京都府亀岡市）で出陣の準備に入る。小瀬甫庵《おぜほあん》の『信長記《しんちょうき》』には光秀が同城で明智秀満《ひでみつ》（三宅弥平次《やへいじ》／光秀の娘婿）、斎藤利三《としみつ》（春日局《かすがのつぼね》の父）らの重臣を呼び寄せて謀《む》叛《ほん》の企てを打ち明けた、と記されている。江戸時代中期の文人《ぶんじん》・湯浅常山《じょうざん》の『常山紀談《きだん》』には、光秀は最初に利三ら三人の重臣に企てを打ち明け、次いで秀満に企てを打ち明けた。この時、すでに三重臣に打ち明けていることを知った秀満は、

「私一人に打ち明けたのならばお諫《いさ》めしますが、すでに三重臣に打ち明けているのならば、『駟馬《しば》も舌に及ばず』という故事もあります。すぐにことを起こした方がよいでしょう」

と口にしたという。「駟馬も舌に及ばず」とは孔子の『論語《ろんご》』に出てくる言葉で、「一旦《いったん》、口から出したことは駟馬（＝四頭の馬）で追いかけても追いつかない」という意味である。これが『筒井家記』では、秀満ら十三人の重臣が信長の非道を列挙して光秀に謀叛を勧《すす》めた、光秀は沈思黙考《ちんしもっこう》の末に十三人の言に従った、とあるが到底事実とは思えない。ちなみに、秀満が憂慮したとおり、光秀に謀叛の企てのあることが京都の市中にまで達していたとい

う話が、『森家先代実録』に記されている。

　ともあれ、秀満の勧めに従ったのか光秀は重臣、側近から起請文《きしょうもん》や人質を徴収した上で、6月1日亥《い》の刻《こく》（午後10時）に秀満ら五人の重臣を先頭に立て、亀山城を出陣した。五人の顔触れは、秀満、明智光忠《みつただ》（次《じ》右衛門《えもん》）、藤田伝五《でんご》、利三に、側近中の側近・溝尾勝兵衛《しょうべえ》である。光忠は光秀の従弟《いとこ》というが、秀満とこの光忠とは光秀の娘婿でもある。

　なお、起請文や人

明智光秀の石像（滋賀県大津市・坂本城跡）

質の徴収に否定的な証言もあるが、当時、この種の行為は日常茶飯事《さはんじ》であった。むしろ、本能寺の変後に光秀が諸大名から人質を徴収しなかったことの方が、異例なことであったとみることもできよう。

次に、亀山城から備中に向かうには別のルートを進まないといけない。しかし、すでに謀叛を決意していた光秀は老ノ坂《おいさか》（亀岡市）への道を選ぶ。

明智方の兵力は一万三千だったといわれており、途中の沓掛《くつかけ》（京都市右京区）で休憩し、将兵に食事をとらせている。その上で、安田作兵衛《さくべえ》（天野源右衛門《げんえもん》）率いる隊を先行させた。この作兵衛に与えられた任務は、味方の者が織田方に通報するのを防ぐことと、本能寺《ほんのうじ》（京都市中京区）にいる織田方の動向の偵察とであった。

また、明智方の本隊が桂川《かつらがわ》を越えたところで、光秀は全軍に、

「本能寺を襲撃し、信長を討つ！」

という決意を表明したというが、明智方の本荘惣右衛門《ほんじょうそうえもん》は戦闘がはじまってからも、「目指す敵が信長だとは知らなかった」と『本荘惣右衛門覚書』に記している。1日酉《とり》の刻《こく》（午後6時）、光秀が物頭《ものがしら》（＝重臣に準ずるクラスの武将）を集めて、

「京都経由で備中に向かう」

と布告したという話が『川角太閤記《かわすみたいこうき》』にある。この事例でも明らかなように、全軍に決意を表明

したといっても、光秀の決意が伝えられたのは物頭までだった可能性が高い。

◆本能寺の炎上と主君・信長の最期

翌2日未明、明智方は本能寺を、

「ひた〳〵と取巻《とりまき》、鬨《とき》の声をどうと上げ、弓、鉄炮《てっぽう》を射込《いこ》」

んだ。当初、本能寺に宿泊中の織田方の小姓《こしょう》は、足軽《あしがる》が喧嘩《けんか》でもはじめたのかと思ったようだが、やがて鬨の声が挙《あ》がり、矢玉《やだま》が撃ち込まれるに及んで謀叛を確信した。

時ならぬ喧騒《けんそう》で目を覚ました信長は、

「是《これ》は謀叛歟《か》。如何《いか》なる者の企ぞ」

と小姓・森蘭丸《らんまる》に問うた。蘭丸は走り出て門外を確認したが、立ち帰ってきて信長に、

「明智が者と見え申候《もうしそうろう》」

と報告した。寄手《よせて》の旗幟《きし》に光秀の「桔梗《ききょう》」紋を認めたのであろう。信長はすかさず、

「是非《ぜひ》にも及ばざる次第《しだい》なり（＝どうしようもないことだ）」

と口にするや、自ら弓をとり、矢種《やだね》も惜しまず射続《いつづ》けた。しかし、やがて弓の弦《つる》が切れたため、信長は槍を手に戦ったが、この槍は三十計《ばかり》の女房（奥女中）・能《のう》が信長に手渡したという。真偽は不明だが、イエズス会宣教師《せんきょうし》であるルイス＝フロイスの『日本史』には、信長の武器は弓でも槍

でもなく、鎌《かま》に似た武器（＝薙刀《なぎなた》）だったと記されている。

『常山紀談』は信長が負傷したため、本能寺の建物内へ入ったとするが、蘭丸が早く建物内へ「御《お》入《い》りあるべし」と促《うなが》したとする俗書もある。これをみた明智方の先頭隊長・作兵衛は、信長を追いかけて槍を付けた。それでも、信長は障子《しょうじ》を閉めたが、なおも作兵衛が追《お》い縋《すが》って障子越しに槍で信長を突く。

この時、蘭丸は主君が自刃《じじん》する時間を稼ごうとしたのであろうか。太刀《たち》を手に作兵衛を阻《はば》んだが、押し返した際に本能寺の高欄《こうらん》から庭へ転落したらしく、作兵衛、高橋悪太兵衛《あくたびょうえ》（惣兵衛《そうべえ》）、四方天《しほうてん》某（四天王孫兵衛《まごべえ》）ら十数人に囲まれ、作兵衛に討たれたと『森家先代実録』には記されている。室鳩巣《むろきゅうそう》の『鳩巣小説』は蘭丸を討ち取ったのは作兵衛ではなく、四方天某だとしている。

一方、信長は作兵衛に槍で突かれたが、これが致命傷になったとは思えない。通説では、本能寺が火焔《かえん》に包まれる中、信長は自刃したとされている。

よく知られているように、信長は幸若舞《こうわかまい》『敦盛《あつもり》』の中の、

「〽人間五十年　下天《げてん》のうちに　比《くら》ぶれば　夢幻《ゆめまぼろし》の　如くなり」

という歌詞を愛吟《あいぎん》していたが、この時、天文《てんぶん》３年（１５３４）生まれの信長は四十九歳、永禄《えいろく》８年（１５６５）生まれの蘭丸は十八歳であった。

◆羽柴（豊臣）秀吉との山崎での決戦

信長の討死、もしくは自刃が確認できない中、光秀は朝廷や京都の有力寺院に使者を派遣すると同時に、重臣らに近江安土城《おうみあづち》（滋賀県近江八幡市《はちまん》）、佐和山城《さわやま》（同彦根市）、長浜城《ながはま》（同長浜市）などを占領させたが、突然、光秀が相談もなく謀叛を起こしたからであろう。姻族《いんぞく》である細川忠興《ただおき》（幽斎《ゆうさい》の嫡子《ちゃくし》、光秀の娘婿）や同幽斎（藤孝《ふじたか》）らですら、関わりを嫌って出家したほどである。人心の掌握を狙ったのか、光秀は信長が安土城内に備蓄していた金銀、財宝を惜しげもなく家臣に分け与えるなどしたが、蒲生賢秀《がもうかたひで》（氏郷《うじさと》の父）、高山右近《うこん》などは頑《がん》として招きを拒

細川忠興の銅像（京都府長岡京市・勝竜寺城公園）

絶している。

その頃、光秀に敵意を抱く神戸信孝《かんべのぶたか》（信長の三男）と丹羽長秀《ながひで》は、摂津《せっつ》大坂城（大阪市中央区）内で津田信澄《のぶすみ》（信長の甥《おい》）を謀殺《ぼうさつ》した。信澄は謀叛とは無関係だったが、正室が光秀の娘だったために加担しているとみなされたのだろう。11日には備中高松城（岡山市北区）からの「備中大返し」を終えた羽柴《はしば》（豊臣）秀吉が摂津尼崎《あまがさき》城（兵庫県尼崎市）へ入城し、やがて信孝、長秀、池田恒興《つねおき》らを誘って光秀に決戦を挑む決意を示す。

そして、13日申《さる》の刻《こく》（午後4時）、山城《やましろ》山崎（京都府大山崎町）で明智方と羽柴方とが激突した。兵力は、羽柴方は二万とも、三万、四万ともいわれている。そんな中、摂津富田《とんだ》（大阪府高槻市）から北東へ向かって進撃した羽柴方では、羽柴（豊臣）秀長《ひでなが》（秀吉の弟）、黒田孝高《よしたか》（官兵衛《かんべえ》、如水《じょすい》）らが激闘に次ぐ激闘の末に、敵方へ打撃を与えた。

対する明智方は下鳥羽《しもとば》（京都市伏見区）を本陣、山城勝龍寺《しょうりゅうじ》城（京都府長岡京《ながおかきょう》市）を前進基地としたが、近江国内へ派遣した将兵の呼び戻しは断念する。このため、正確な兵力は不明だが、明智方は数の面でかなり劣っていたらしい。

一説に、明智方の兵力は一万六千であったという。その欠点を克服するべく、光秀は本陣を勝龍寺城の南西約600メートルの場所へ前進させたが、兵力を一か所へ集中するのを躊躇《ためら》った節がある。逆に、秀吉は山崎へ全兵力を投入し、一気に明智方の陣を抜くという戦法に出た。それでも、明智方は先制攻撃で打撃を与えようとしたが、羽柴方は明智方の前線が崩れた箇所を狙って突撃を開始する。結局、有名な山崎の戦いはわずか一刻《いっとき》（二時間）ほどの戦闘の末に、羽柴方が大勝を収めた。

信長を主人公とした軍記『総見記《そうけんき》』には、味方が崩れた際、光秀は自ら前線へ赴《おもむ》こうとしたものの、御牧三左衛門《みまきさんざえもん》の使者が戦場離脱を勧めた、あるいは近習《きんじゅう》の比田帯刀《ひたたてわき》が馬の轡《くつわ》を握って勝龍寺城への入城を勧めた、という話が記されている。三左衛門や帯刀の勧めをもっともと思ったのだろう。光秀は一旦、勝龍寺城に入ったが、従う将兵は約七百人にまで減っていた。一方、秀吉は山崎やその周辺での敗残兵の掃討を命じるとともに、右近、中川清秀に亀山城の接収を命じている。この間、明智方では数千余が討死した、と興福寺多聞院《こうふくじたもんいん》（奈良県奈良市）の学僧・多聞院英俊《えいしゅん》の『多聞院日記』には記されている。

ちなみに、明智方の敗因については、筒井順慶《じゅんけい》が日和見《ひよりみ》を決め込んだから、羽柴方が天王山《てんのうざん》（大山崎町）を奪ったから、などととり沙汰されることが多い。実際には、順慶の日和見はなかったし、『川角太閤記』などにみえる天王山の争奪戦もフィクションとみられているが、日和見的な態度をとることを「洞《ほら》ケ峠《とうげ》を決め込む」、勝敗の帰趨《きすう》、ことの成否に関わる重要な決戦、局面のことを「天王山の戦い」などという言い回しは、現代でも使われることがある。それはともかく、イエズス会宣教師のルイス＝フロイスは、

「（近江の占領に固執して）摂津（大阪府北部、兵庫県南東部）の占領を怠《おこた》ったこと、諸大名らから人質を徴収しなかったことが、明智方の敗因である」と的確、且《か》つ冷徹な分析をしている。神に仕える身のフロイスが人質云々《うんぬん》に言及している点は驚《きょう》愕《がく》を禁じ得ないが、戦乱の時代にはこういった行為は常識だったのであろう。やはり、人心の掌握を狙って強引な人質徴収をしなかったことが、裏目に出たわけである。

◆敗北当夜の小栗栖での最期

勝龍寺城が羽柴方に包囲されつつあるのを知った光秀は、13日夜半、数名の側近らとともに城を出て、もう一つの居城・近江《おうみ》坂本《さかもと》城（滋賀県大津市）へと向かう。しかし、伏見の大亀谷《おおかめだに》（伏見区）を経て小栗栖《おぐるす》の竹藪《たけやぶ》にいたった時、何者かの槍、もしくは竹槍を体軀《たいく》に受けてしまう。なお、刺された場所が竹藪であったからか、側近たち

明智藪の石碑（京都市伏見区）

は異変があったことに気がつかなかった、とも伝えられている。通説では、自らの天運が尽きたことを悟った光秀は、側近・溝尾勝兵衛（庄兵衛）に介錯《かいしゃく》を命じて、自刃して果てた。「三日天下」という言葉があるが、本能寺を襲撃したのは2日未明、自刃したとされているのが14日未明であるから、光秀の天下は十余日で終焉《しゅうえん》したことになる。享禄《きょうろく》元年（大永《だいえい》8年／1528）生まれとする『明智軍記』の記述に従えば、光秀は五十五歳だったはずである。

小瀬甫庵の『太閤記』には、自刃の直前、光秀は苦しい息の下で勝兵衛に向かい、

「わが首を知恩院《ちおんいん》（京都市東山区）へ葬って欲しい。（首から下の）胴体は田の中へ踏み込んで隠すように」

と厳命した。そこで、勝兵衛

明智藪（京都市伏見区）

は馬の鞍覆《くらおおい》に首を隠して一町《ちょう》進んだと記されており、これが通説になっている。一方、竹中重門《しげかど》（半兵衛《はんべえ》重治《しげはる》の嫡子）執筆の『豊鑑《とよかがみ》』には、

「里《さと》（＝小栗栖）の中道の細きを出て行くに、垣《かき》ごしにつきける鑓《やり》、明智光秀が腋《わき》にあたりぬ。されど、さらぬ体《てい》にてかけ通りて、三町ばかり行き、里のはずれにて、馬よりころび落ちけり」

と記されている。垣と書いてあるので、生垣《いけがき》のような竹藪だったのだろう。「さらぬ体」とは大したことはない様子という意味で、ここでいう町とは約１０９メートルの距離を指す。槍（鑓）で突かれながらも光秀が声を挙げなかった理由は、深手ではないと思ったからか、それとも声を挙げることが周囲の敵を呼び寄せることにつながると思ったのかは不明である。あまり信用の限りではないが、『明智軍記』には、

「逆順無二門　大道徹心源　五十五年夢　覚来帰一元　明智玄智大禅定門」

という辞世の漢詩が記されている。末尾の八文字は光秀の法名で、漢詩は、

「逆順《じゅんぎゃく》二門《にもん》無《な》し　大道心源《だいどうしんげん》に徹《てっす》　五十五年の夢　覚《おぼ》え来《きた》りて一元に帰す」

と読むのだろうが、到底、光秀自身の作とは思えない。ともあれ、光秀が自刃したという場所は現在の伏見区小栗栖小坂町で、四百年以上の年月を経た今でも付近の藪は明智藪と呼ばれている。明智藪には石碑や説明板が建立されており、この地を訪れる光秀ファンの方も少なくない。

江戸時代前期の肥前平戸《ひぜんひらと》藩（長崎県平戸市）主・松浦鎮信《まつらしげのぶ》（天祥《てんしょう》）は、自身の個人的な考えとし

て、光秀終焉の地は、

「小栗栖トミサ、キトノ間《あいだ》ヅシノ奥ト云《い》フ所《ところ》」

とその著『武功雑記《ぶこうざっき》』に記している。いうまでもなく、一般には光秀は小栗栖で自刃したといわれているのだが、槍に刺されてから三町先で落馬したのが小栗栖と御陵《みささぎ》との間の「ヅシノ奥」という場所で、そこが本当の光秀終焉の地なのかも知れない。

◆光秀の首塚は四つもある

歴史上、有名な武将の例を挙げると、元暦《げんりゃく》元年（寿永《じゅえい》3年／1184）の一ノ谷の戦いで熊谷《くまがい》直実《なおざね》に討たれた平敦盛《あつもり》（清盛《きよもり》の甥）に関しては、須磨浦《すまうら》公園（神戸市須磨区）の西に有名な敦盛塚があり、須磨寺《すまでら》（同区）にも塚がある。このうち、今なお香華《こうげ》が絶えない敦盛塚は首から下の胴体を埋葬した塚で、須磨寺の塚は首塚であるという。このように、首と胴体とを別々に埋葬したのであれば、塚が二つ（首塚と胴塚）あるのも頷ける。

ところが、光秀の首を埋葬したという首塚は、少なくとも四つあるのだから驚くほかはない。まず、京都・粟田口《あわたぐち》（京都市東山区）に晒《さら》された光秀の首は当初、同地に埋葬されたが、明和《めいわ》8年（1771）に同地の住人の求めで能役者《のうやくしゃ》（笛方）の明田理右衛門《りえもん》が引き取り、自邸へ改葬した。以上の経緯については第7章の「光秀の子孫は生きている！」で詳しく触れるが、首が改葬された理右衛門の自邸というのが現在の京都市東山区三条白川橋で、明治36年（1903）には歌舞伎《かぶき》役者の七世市川団蔵《だんぞう》によって「長存寺殿明窓玄智大禅《ぜん》定門《じょうもん》」と刻まれた多層塔《たそうとう》も建立された（埋葬地がさらに動いたという見方もある）。

次に、本物の光秀の首が斎藤光三《みつぞう》なる少年の手で、丹後宮津《たんごみやつ》（京都府宮津市）にいた細川ガラシヤ（光秀の娘、忠興《ただおき》の正室）のもとへ届けられたという異説がある。娘のガラシアが受け取ったというのだから、この首は正《まさ》しく父・光秀の首だったのだろうか。やがて、ガラシアは盛林寺《せいりんじ》（同市）に光秀の首を埋葬し、見事な宝篋印塔《ほうきょういんとう》を建立した。盛林寺にはこの首塚のほかに、光秀の位牌《いはい》も安置されている。

明智光秀の首塚（京都市東山区）

また、側近である勝兵衛の命により、光秀の首は馬の鞍懸に隠され、居城だった亀山城外の谷性寺《こくしょうじ》（光秀寺）境内に埋葬された、とする異説も残っている。いかなる理由か、幕末期の安政《あんせい》2年（1855）にある志士が来訪し、首塚を建立したのが、現存する谷性寺の首塚であるという。

さらに、現在、京都市山科区《やましな》勧修寺御所《かんしゅうじごしょ》ノ内町《うちまち》には「明智光秀之塚」と刻まれた墓碑が建立されている。この地は小栗栖へと続く道に近い民家の裏手で、一般には光秀の胴体を埋葬した場所とされている。

しかし、『川角太閤記』には、

「秀吉の命で光秀の首と胴体とをつなぎ合わせ、粟田口に晒した」

という意味の記述がある。『川角太閤記』は秀吉を主人公とした伝記、軍記の中ではもっとも良質のものといわれている。『川角太閤記』に記されているように光秀の首と胴体とをつなぎ合わせたのであるならば、この「明智光秀之塚」には光秀の首も埋葬されているということになろう。第5章などで触れる光秀の不死伝説は別としても、以上のように京都府内には光秀の首塚やそれに準ずる墓碑が少なくとも四つあるのである。

◆殊勲者・小栗栖の長兵衛は実在しない？

仮に、熱心な歌舞伎ファンの方に、

「明智光秀を討ち取ったのは誰か？」

と問うたならば、

「そりゃあ小栗栖の長兵衛《さくべえ》だよ！」

という威勢のよい答えが返ってくるに違いない。近年は一般でとり沙汰されることが皆無に近いと思うが、人形浄瑠璃《じょうるり》や歌舞伎には「明智光秀物」と呼ばれる作品群がある。歌舞伎では光秀の名が武智《たけち》兵庫之介《ひょうごのすけ》光秀、時代が室町《むろまち》幕府の第十三代将軍・足利義輝《あしかがよしてる》の時代と改変されているが、「明智光秀物」では特に四世鶴屋南北《なんぼく》の歌舞伎『時桔梗出世請状《ときはききょうしゅっせのうけじょう》』（文化《ぶんか》5年〈1808〉）や、『小栗栖の長兵衛』（大正9年〈1920〉）などが繰り返し演じられてきた。中でも、『小栗栖の長兵衛』が二世市川猿之助《えんのすけ》の当たり役とされたため、光秀を討ち取った人物を小栗栖の長兵衛と記憶している歌舞

山崎合戦古戦場の石碑（京都府大山崎町・天王山夢ほたる公園）

伎ファンが多いのである。

この『小栗栖の長兵衛』は――ならず者として嫌われていた小栗栖の長兵衛が、山崎の戦いの直後に光秀に竹槍を付けて以降、英雄扱いされる――という喜劇にも似たストーリーだが、演劇と史実とを混同すべきではないと思う。

なお、江戸時代の文人、知識人の随筆などの中に、光秀を討ち取った人物に関する記述がある。医師・中山三柳《さんりゅう》の『醍醐《だいご》随筆』（寛文《かんぶん》10年〔１６７０〕）には、光秀は小栗栖の作右衛門《さくえもん》に槍で突かれたのが致命傷となったと記されている。作右衛門のＤＮＡを受け継いだからか、子孫は大変勇猛で、近隣で恐れられた白狼《はくろう》を討ち取って名声を高めた、とも『醍醐随筆』に記されている。『醍醐随筆』の著者・三柳は大和《やまと》（奈良県）の生まれで、美濃大垣《みのおおがき》藩（岐阜県大垣市）の藩医を務めた後、病を得て醍醐（伏見区）へ隠棲した。『醍醐随筆』に三柳自身が、

「小栗栖は醍醐の西にて、小川を一ツへだてたり」

と記していることでも明らかなように、小栗栖と醍醐とは「指呼《しこ》の間」である。山崎の戦いから

天王山（京都府大山崎町）

約九十年後の寛文10年に、小栗栖に隣接する醍醐で見聞きしたというのである。

次に、江戸時代中期の神道家《しんとうか》・山口幸充《ゆきみつ》の『嘉良喜随筆《かりょうきずいひつ》』にも、

「明智光秀ヲ鎗《やり》ニテ突者《つきしもの》ハ、小栗栖ノ作右衛門也《なり》」

という記述があるから、「光秀は小栗栖の作右衛門に槍（鎗）で突かれた」という説は江戸時代の知識人の間に知れ渡っていたとみるべきであろう。つまり、光秀に致命傷を負わせたのは小栗栖の長兵衛ならぬ、小栗栖の作右衛門だというのである。

ただし、光秀を突いたのを中村長兵衛とする説や、

「光秀に槍、もしくは竹槍をつけた人物がどこの、誰かわからない」

「後に小栗栖の人に光秀に槍をつけた人物について聞いたが、『何も知らない』という答えが返ってきた」

などとする書物もある。以上とは別に、光秀を討ち取ったのを醍醐・三宝院《さんぽういん》（伏見区）の坊官《ぼうかん》（註=門跡寺院の武装した僧侶）の飯田氏の一党だったとする説もある。飯田氏の一党は小栗栖に館《やかた》を構えていたが、信長に仕えていた同族・飯田左吉兵衛《さきちびょうえ》は本能寺の変で落命した。飯田氏の一党はこのことを遺恨《いこん》に思って近隣の者たちとともに、小栗栖で光秀一行を襲撃したのであるという（『京都の歴史』〈第4巻〉）。

◆光秀の首の行方と発見状況は？

前々項などで触れたように、光秀が小栗栖で自刃したとする通説には頗《すこぶ》る不自然な部分が多い。また、側近・勝兵衛によって切り落とされた光秀の首がその後、どうなったか、どのようにして発見されたのかといった経緯についても、不自然な部分が少なくない。

まず、もっとも信憑性《しんぴょうせい》が低いと思われる甫庵の『太閤記』には、先に触れたように勝兵衛が馬の鞍覆（鞍懸）に光秀の首を隠して一町ばかり進んだと記されている。勝兵衛は光秀の今際《いまわ》の際《きわ》の言葉に従い、首を知恩院へ埋葬しようとした。しかし、旧暦《きゅうれき》（太陰暦《たいいんれき》）14日の未明であるため、月光が山道を進む勝兵衛らを明るく照らし出す……。やがて、落ち武者狩りの魔の手が迫っていることを悟った勝兵衛は、光秀の首を竹藪の中へ投げ込んでその場を逃れた、と『太閤記』は続けている。

次に、徳川家康の伝記ともいうべき『改正三河後風土記《みかわごふどき》』には、小泉儀兵衛《ぎへえ》なる武士が小栗栖付近の溝の側で、泥《どろ》の足跡をみつけた。そこで、溝の泥を探ってみると、首が出てきたので洗ってみると、果してそれは光秀の首だった。また、小栗栖の領民によって、「桔梗《ききょう》」紋があしらわれた甲冑《かっちゅう》を着て、名刀「岩切《いわきり》」を携《たずさ》えた胴体もみつかる。このうち、儀兵衛は信長の重臣、京都所司代《しょしだい》である村井貞勝《さだかつ》の郎党《ろうとう》だったというから、光秀の顔は熟知していたことであろう。まもなく、首と胴体とは秀吉の本陣に届けられ、儀兵衛、領民は褒美を与えられた、という。

一方、秀吉が同年10月18日に信孝の重臣に送った書状（『浅野家文書』）には、

「明智め山科之藪《の》之中へ北入《にげいり》、百姓ニ首をひろわれ申《もうし》候《そうろう》事《こと》」

などと書かれている。以上のうち、『太閤記』や『改正三河後風土記』はフィクション満載の俗書に近いが、この時代屈指の日記（古記録）といわれている興福寺蓮成院《こうふくじれんじょういん》（奈良県奈良市）の『蓮成院記録』には、

「山崎表ヨリ醍醐辺《あたり》マテ、アナタコナタ、五十、百、二百、三百、打死《うちじに》数ヲ不レ知《しらず》」

と記されている。主戦場である山崎から小栗栖の近隣の醍醐まで、討死したり、落ち武者狩りの餌食となったりした者が「数ヲ不レ知」という状況だったとみてよいであろう。一説に、山崎の戦いで勝利した秀吉の本陣には、数千にも及ぶ明智方の首が集められたとされている。仮に、儀兵衛が光秀の顔を熟知していたとしても、泥の中に埋まっていた首を光秀のそれと確認することが可能であろうか。光秀の子孫である作家・明智滝朗（滝郎）氏は「明智光秀は生きていた」（『特集人物往来』昭和32年〔1957〕9月号）で、

「泥田の中に生首《なまくび》を三日もつけていればくさって、その真偽をみきわめることなど出来ないのが常識だが」

と主張されている。光秀が自刃したとされているのは旧暦6月14日の未明で、これが現在の太陽暦でいえば7月中旬となる。つまり、一年でもっとも暑い時期に、首は溝の泥の中にあったというのである。「その真偽をみきわめることなどできない」という明智滝朗氏の主張には、従うべきで

あるように思う。

◆自刃したのは光秀の影武者か？

勝兵衛は「わが首を知恩院へ葬って欲しい」という光秀の命を受けていたはずだが、落ち武者狩りに包囲されたことを知るや、主君の首を藪の中へ投げ込んだとされる。

しかし、いくら光秀が「敗軍の将」であるからといって、

「側近中の側近である勝兵衛が、主君の首を藪の中へ投げ入れたりするだろうか？」

という疑問を抱かざるを得ない。何よりも、勝兵衛が「わが首を知恩院へ……」という命とは正反対の行動をとっていることを思うと、誰もが、

「小栗栖で自刃したのは本当に光秀だったのか？　自刃したのは影武者《かげむしゃ》だったのではないか？」

と思うに違いない。

ここでいう影武者とは敵方を欺《あざむ》くために武将と同じ服装をさせた者のことで、一旦緩急《かんきゅう》あらば影武者が武将の身代わりになることもあった。歴史上の人物では、平安時代中期の平将門《まさかど》が複数の影武者を置いていたという説が残る。戦国時代から江戸時代初期の武将では、筒井順昭《じゅんしょう》（順慶の父）、武田信玄《しんげん》、上杉謙信《けんしん》、家康、真田幸村《さなだゆきむら》（信繁《のぶしげ》）らが影武者を置いていたという説がとり沙汰されてきた。たとえば、永禄4年（1561）の第四次川中島の戦いでの信玄と謙信との一騎討ちが、双

方とも法師《ほうし》武者(影武者)による代理戦争だったという説もある。順昭の影武者・木阿彌《もくあみ》をめぐる「元の木阿彌」といういい回しすら残っている。また、刺客の襲撃を躱《かわ》すべく、山内一豊《かずとよ》は六人の影武者を置いていた。さらに、慶長《けいちょう》5年（1600）の関ケ原の戦いの最終盤、豊臣方の島津義弘《よしひろ》が敵中突破を敢行《かんこう》した際、家臣らが咄嗟《とっさ》に身代わり、影武者となって義弘の戦場離脱を幇助《ほうじょ》している。

光秀が影武者を用意していたという説に関して、明智滝朗氏は先の論文で、千葉春道《はるみち》執筆の『明智旧稿実録』という書物の記述を紹介している。春道は光秀の重臣、娘婿である明智秀満（三宅弥平次）の次男だというが、その『明智旧稿実録』には、

「山崎の戦いの敗戦後、顔、かたちが似ていた家臣・柳川友雪《やながわゆうせつ》が、光秀の甲冑《かっちゅう》を着て影武者を務めた。影武者の光秀は十三日の夜、勝龍寺城から坂本城へ向かおうとしたが、山科（京都市山科区）で落命した」

と記されているという。やはり、『明智旧稿実録』によると影武者は勝龍寺城へ入城する際、本物の光秀から辞世の詩歌を預かっていたというから、用意周到というほかはない。

また、美濃の地誌《ちし》（地理書）『美濃志《みのし》』には、やはり山崎の戦いの敗戦後、家臣・荒木山城守《やましろのかみ》が影武者を務めて自刃した。後、美濃山県《やまがた》郡中洞《なかほら》（岐阜県山県市）に落ち延びた本物の光秀は、自分の身代わりになって落命した荒木山城守の名にちなんで荒深又五郎《あらふかまたごろう》（小五郎《こごろう》）と名乗った、と記されている。中洞については第2章の「光秀の前半生は謎だらけだった！」、第5章の「光秀は畿内

や美濃山中で生きていた！」で詳しく触れることにする。

友雪のように主君の甲冑を借りるなど、あらかじめ用意された影武者もいるが、義弘の家臣たちのように咄嗟に身代わり、影武者となった者も多かったはずである。

先に名を挙げた友雪と山城守のうち、山城守の場合は後者ではなかったかと思われるが、ほかに勝兵衛が咄嗟に影武者となって落命したという説もあるという。

第2章　光秀の前半生は謎だらけだった!

出自や父母の名も一定しない光秀

◆美濃明知荘と土岐明智氏

明智を「あけち」と読む地名は全国にあるが、古文書などには明地や明知、明計知と書いて「あけち」と読む地名も登場する。地名の語源という意味からすると、「あけち」は「あげち」、すなわち高地《こうち》という意味で用いることが多いという。事実、栃木県日光《にっこう》市の明智平や、岐阜県恵那《えな》郡明智町などは海抜500メートル以上の高地にある。

また、海抜500メートル以下の低地でも、周囲からやや高い場所や湿地を「あけち」と呼ぶことがある。また、「あらたに開発した地」という意味でも「あけち」が用いられたといわれ、明智平の地名がこれに由来するという見解もあると聞いた。

次に、平安時代以降の貴族や寺院、神社などによる大規模な領有地のことを荘園《しょうえん》というが、平安時代末期、鎌倉《かまくら》時代、室町《むろまち》時代の美濃《みの》（岐阜県南部）には明知荘《あけちのしょう》という荘園があった。江戸時代の美濃の地誌『濃陽志略《のうようしりゃく》』などには、現在の岐阜県可児《かに》市、御嵩《みたけ》町付近がかつて明知八郷《はちごう》と呼ばれていたと記されている。したがって、明知荘が可児市、御嵩町付近に存在したとみる向きが多いが、平安時代末期には公家《くげ》・藤原実頼《さねより》が明知荘を領有していた。実頼は摂政《せっしょう》、関白《かんぱく》を歴任し、有職故実《ゆうそくこじつ》の小野宮流《おののみやりゅう》の流祖《りゅうそ》となった知識人でもある。以後、実頼の子孫が明知荘を領有したが、やがて明知荘は石清水八幡宮《いわしみずはちまんぐう》（京都府八幡《やわた》市）の別当《べっとう》に寄進された。そして、明知荘の年貢は、石清水八幡宮の大塔《だいとう》の灯油代として収納されるようになる。

次に、室町時代にこの明知荘と関わりを持ったとされる武士に、土岐《とき》氏の一族・土岐明智氏がいる。観応《かんのう》２年（正平《しょうへい》元年／１３５１）１月30日、室町幕府の初代将軍・足利尊氏《あしかがたかうじ》が発した書状の中に、「あけちひこ九郎《くろう》」という名が記されている（『土岐文書』）。この「あけちひこ九郎」は、婆娑羅《ばさら》大名として悪名を馳《は》せた美濃の守護《しゅご》（県知事）・土岐頼遠《よりとお》の甥である土岐頼重《よりしげ》（彦九郎《ひこくろう》）のこととみられている。

また、文亀《ぶんき》２年（１５０２）４月23日の土岐明智上総介頼尚《かずさのすけよりなお》譲状《ゆずりじょう》（『土岐文書』）によると、当時は明智長寿丸《ちょうじゅまる》と名乗っていた頼尚が病没した父の領地を相続し、そのことを第四代将軍・足利義持《よしもち》が承認している。頼尚は頼重の子孫とみられるので、歴代当主は彦九郎の通称を名乗り、美濃妻木郷《つまきのごう》（岐阜県土岐市）などを領有したのかも知れない。

また、永正《えいしょう》５年（１５０８）以降、頼尚の子・頼明《よりあき》（明智彦九郎）は京都から妻木郷へ移り住んだらしいが、頼明は室町幕府の幕臣《ばくしん》（奉公衆《ほうこうしゅう》）であったらしい。周囲から「早々参洛《そうそうにさんらく》（＝早く帰京）」するように催促《さいそく》されているので、日常生活の本拠は京都にあった可能性もある。後に、頼明の子孫である菅沼定政《さだまさ》（藤蔵《とうぞう》）が徳川家康に仕え、土岐姓に改姓した。定政の曾孫《ひまご》・土岐頼稔《よりとし》は江戸幕府の老中に抜擢《ばってき》され、子孫は上野《こうずけ》沼田藩（群馬県沼田市）主として存続している。前後したが、土岐姓への改姓は家康の命に従ったものだが、定政が先祖ゆかりの明智姓に改姓していたとしても不思議はないのである。ただし、定政の系統が土岐明智氏の嫡流かというと、必ずしもそうではない。何よりも、明知荘が室町時代末期まで存在していたのか否かという点が疑問で、仮に明知荘が存在していたとしても、土岐明智氏と明知荘との関係は早くに途絶していたとみるのが妥当だろう。

なお、頼明が幕臣（奉公衆）であった可能性がある点については先に触れたが、室町時代末期から戦国時代初期の武士、連歌《れんが》の作者に明智玄宣《げんせん》・政宣《まさのぶ》父子がいる。父子のうち、玄宣は実名を頼宣《よりのぶ》、頼連《よりつら》といい、美濃の土岐氏の一族とみられている。玄宣は室町幕府の管領《かんれい》（閣僚）・細川政元《まさもと》に仕えていたが、連歌師の飯尾宗祇《いいおそうぎ》とも親しく、しばしば政元や宗祇が関係した連歌会に参加した。また、政宣は第九代将軍・足利義尚《よしひさ》に仕えて京都に住んだが、長享《ちょうきょう》元年（文明《ぶんめい》19年／1487）の義尚による近江《おうみ》（滋賀県）への出陣、いわゆる鈎《まがり》の陣に従い、『近江国鈎安養寺三十首続歌』にも一首を詠む。光秀も当代随一の連歌師・里村紹巴《じょうは》らと交遊し、しばしば連歌会に参加している。光秀が玄宣・政宣父子の子孫かどうかは不明だが、もしかしたら光秀は父子の優れたDNAを受け継いでいるのかも知れない。

ただし、父子のうち、政宣の明応《めいおう》8年（1499）以降の動向は不明である。長享元年、鈎の陣で甲賀《こうか》忍者などの襲撃を受けた義尚は、その時の傷が原因で陣没した。政宣の明応8年以降の動向が不明なのと、義尚の陣没との間には因果関係があるに違いない。

◆明智氏は土岐氏の支族なのか？

信長の伝記『信長公記《しんちょうこうき》』には備中《びっちゅう》（岡山県西部）へ出陣する予定だった明智光秀が、天正《てんしょう》10年（1582）5月27日に愛宕山《あたごやま》にあった愛宕神社（京都市右京区）へ参拝して二度、三度と籤《くじ》を引いたと記されている。翌日、光秀は連歌師の紹巴らを招いて愛宕神社の西坊で連歌会を開き、自ら、

「ときは今　あめが下知る　五月哉《かな》」

と詠んだ。この句の冒頭の「とき」を美濃の土岐氏と解釈して、「土岐氏の支族である光秀は、謀叛《むほん》を起こして『天下を取る』決意を表明した」などと早合点する向きが多い。余談ながら、光秀の句の後に、

「花落つる流れの末の関とめて」

と詠んだ紹巴は、

「光秀の謀叛を知っていたのではないか？　いや、加担したのではないか？」

などと疑われ、一時は不遇をかこったほどである。なお、幕末維新期に「〽菊《きく》が栄えりゃ、葵《あおい》が

萎《しぼ》む」という俗謡《ぞくよう》、いい回しが流行したというが、紹巴の句は、

「土岐（＝光秀）の『桔梗《ききょう》』紋が栄えれば、信長の『木瓜《もっこう》』紋が落ちて、流れる」

という意味に、とれなくもない。ただし、光秀の「ときは今〜」の句は、ただ単に旧暦《きゅうれき》5月の梅雨《つゆ》の風情《ふぜい》を詠んだもので、自身が「土岐氏の支族」であるという点を強調したり、謀叛の決意を表明したりする意図はなかった可能性が高い。

一方、禁裏《きんり》（朝廷）の御倉《みくら》預職《あずかりしょく》・立入宗継《たてりむねつぐ》の『立入左京亮入道隆佐記《さきょうのすけにゅうどうりゅうさき》』には、光秀の出自に関して、

「美濃国住人ときの随分衆也《ずいぶんのしゅうなり》。明智十兵衛尉《じゅうべえのじょう》、その後、上様《うえさま》より仰《おお》せ出《い》だされ、惟任日向守《これとうひゅうがのかみ》になる」

と記されている。当然、「とき」は土岐氏、上様は信長のことで、この場合の随分衆とはひとかどの人物、大層な人物といった意味である。しかし、「美濃国住人ときの随分衆也」であっても経済的に恵まれていたというわけではないらしい。江戸時代初期に執筆された『当代記《とうだいき》』には、

「一僕《いちぼく》の者、朝夕の飲食さえ乏《とぼし》かりし身」

と記されている。以上のうち、前半は人に使われる下級の家来、後半は、

「毎日の食事にさえ事欠くような貧しい身の上だった」

という意味と思われる。

また、光秀とは昵懇《じっこん》の間柄であった神道家《しんとうか》・吉田兼見《かねみ》の『兼見卿記《きょうき》』を通読すると、土岐氏の

一族か否かは不明ながらも、光秀の親類が美濃にいたのは確実である。ともあれ、あまり信じるに足る内容ではない『明智系図』が、光秀を土岐頼兼《よりかね》（下野守《しもつけのかみ》）の子孫としていることもあって、光秀を「土岐氏の支族」とする説は一般に広く知られているように思う。けれども、実際には、

「明智光秀は『土岐氏の支族』ではない」

とする書物も少なくない。まず、『籾井家《もみいけ》日記』には——明智十兵衛は出自すら明らかではないが、天正3年（1575）頃から信長にとり立てられ、やがて惟任日向守の名を与えられて重臣に抜擢された——と記されている。いうまでもなく、足利義昭《よしあき》に仕《つか》えていた光秀は、永禄《えいろく》11年（1568）頃から信長の指示を受けるようになり、やがて天正元年（元亀《げんき》4年／1573）に義昭が没落すると信長一人を主君と仰ぐようになった。したがって、

「明智十兵衛が（中略）天正3年頃から信長にとり立てられ」

というのは丹波（京都府中部ほか）平定を任されたことを指すのかと思うが、明智十兵衛こと光秀が「出自すら明らかではない」という話は留意すべきかも知れない。

以降は本章後半の「十一か所もある光秀の生誕地」で詳しく触れたいと思うが、『明智氏一族宮城家相伝系図書』には、光秀は美濃石津《いしづ》郡多羅《たら》（岐阜県大垣《おおがき》市）で進士《しんじ》信周《のぶちか》の子として生まれた、と記されている。また、『若州観蹟録《じゃくしゅうかんせきろく》』では——光秀は実は若狭遠敷《おにゅう》郡小浜《おばま》（福井県小浜市）の刀《かたな》鍛冶《かじ》・冬広《ふゆひろ》の子で、兵法《ひょうほう》の修行をして近江《おうみ》（滋賀県）南部の戦国大名・六角《ろっかく》氏、次いで信長に仕え

た——と記されている。以上の点については、不明な部分が多いが、少なくとも進士氏や、刀鍛冶・冬広は土岐氏の支族ではない。

一方、江戸時代中期の尾張《おわり》藩（名古屋市）の藩士、文人《ぶんじん》の天野信景《のぶかげ》が記した随筆《ずいひつ》『塩尻《しおじり》』には——濃州《のうしゅう》（美濃）明智の御門重兵衛《みかどじゅうべえ》の立ち居振る舞いが優れていたので、信長が召し抱えて明智重兵衛と名乗らせ、やがて重臣にとり立てた——という記述がある。

信景は同時代の尾張藩を代表する碩学《せきがく》だが、光秀を指すと思われる御門重兵衛を濃州明智の者としながらも、惜しいことに濃州明智がどこなのか、御門重兵衛が土岐氏の支族か、という点には言及していない。これらの点は、返す返すも残念でならない。

次に、一遍宗《いっぺんしゅう》（時宗《じしゅう》）の三十一世遊行上人《ゆぎょうしょうにん》の旅日記である『遊行三十一祖　京畿御修行記』の天正8年1月24日の条には、

「惟任方もと明智十兵衛尉といひて、濃州土岐一家牢人《ろうにん》たりし（＝惟任はもとは明智十兵衛尉といい、美濃の守護・土岐氏の一族で、浪人だったという）」

という記述がある。本能寺の変、山崎の戦い以降、当時の日記（古記録）にこの種の記述が増えるように思うが、『遊行三十一祖　京畿御修行記』は光秀が謀叛を起こす以前に記されたものであるだけに貴重である。おそらく、光秀を美濃の土岐氏の一族とする説は、本能寺の変や山崎の戦いの前から、公家や僧侶の間で噂されていたに違いない。

◆一定しない光秀の父の実名

武士の実名のことを正しくは諱《いみな》という。織田信長の信長、明智光秀の光秀というのが諱に当たるが、ここではわかりやすい実名という表現を用いることにしよう。光秀の出自を語る場合に避けて通れないのは、「光秀の父は実名が一定しない」という点である。たとえば、『土岐系図』（『続群書類従《ぞくぐんしょるいじゅう》』所収）では光秀の父の名が明智光國《みつくに》となっているのに、『明智系図』（『鈴木叢書《そうしょ》』所収）や『明智系図』（『続群書類従』所収）では父の名が明智光隆《みつたか》となっている。さらに、『系図纂要《さんよう》』や、あまり信じるに足る内容ではないが『明智軍記』では父の名が明智光綱《みつつな》となっており、後世の俗書ではこの『明智軍記』の記述を鵜呑《うの》みにしているものが多い。なお、これらの系図の祖父以降の実名は、

『土岐系図』（『続群書類従』所収）　明智頼典――光國――光秀

『明智系図』（『続群書類従』所収）　明智頼典――光隆――光秀

『明智系図』（『鈴木叢書』所収）　明智頼典――光隆――光秀

『系図纂要』　明智光継――光綱――光秀

『明智軍記』　　　　明智光継――光綱――光秀

となっており、少なくとも光秀の父の実名に①明智光國説、②明智光隆説、③明智光綱説があることがわかるが、光継を（祖父ではなく）父の実名とする説もあるという。

以上のうち、祖父が明智姓を名乗っていたか否かという点も、実は判然としない。何よりも、光秀の祖父以前の歴代当主に関しても『土岐系図』（『続群書類従』所収）では、

頼弘――頼定――頼尚――頼典――光國――光秀

となっているのに、『土岐系図』の異本《いほん》では、

頼高――光高――光重――光兼――光國――光秀

となっているなど、祖父の実名からして食い違いがある。もっとも、この種の事例はほかの戦国武将に関しても少なくない。たとえば、光秀と同じく信長の重臣、側近だった森可成《よしなり》・蘭丸《らんまる》父子の先祖の実名に関しても、『尊卑分脈《そんぴぶんみゃく》』や『寛政重修諸家譜《かんせいちょうしゅうしょかふ》』、あるいは『森家先代実録』では、

源　義家――森義隆――頼隆――頼定――定氏――頼氏――光氏――氏清
頼俊――頼師――頼長――頼継――可光――可房――可秀――可行
可成――蘭丸

となっているが、美濃の地誌（地理書）の『美濃明細記』では、

源　義家――森義隆――頼隆――頼定――泰朝――定朝――繁朝――定久
泰家――泰朝――泰廣――定泰――泰成――成清――成泰――泰政
泰可――可成――蘭丸

となっており、当主の実名がまったく食い違っている。おそらく、どちらか一方がまったくの捏造《ねつぞう》なのだろう。

ちなみに、現存する各種の系図では光秀の祖父の通称が兵部少輔《ひょうぶのしょう》、十兵衛（十兵衛尉）、父の通称が監物助《けんもつのすけ》、彦太郎、玄蕃頭《げんばのかみ》、安芸守《あきのかみ》となっているが、美濃の戦国大名・斎藤氏関係の史料には明智兵部少輔、あるいは明智玄蕃頭などという人物は登場しない。前々項で触れたとおり、光秀やその一族が山崎の戦いの後に滅びたこと、菅沼定政の系統が沼田藩主として存続したこともあって、現存する各種の系図は内容的に信ずるに足りない内容である。頼典の実名を頼定《よりさだ》とする説もあるが、残念ながら光秀の父の実名に関しては、これ以上の詮索《せんさく》は意味のないことかも知れない。

◆前半生の経歴が判然としない光秀

出自や父の実名のほかにも、光秀に関しては「前半生の経歴が判然としない」という事実がある。前半生の経歴については前項で触れた各種の系図に、信じるに足る記述がない。

ほぼ唯一、前半生の経歴についてまとまった記述があるのが、江戸時代中期に成立した『明智軍記』である。この『明智軍記』は光秀の生年を享禄《きょうろく》元年（大永《だいえい》8年／1528）としているが、無論、このことからして信じるに足りない。それでも、『明智軍記』の記述を紹介するならば、美濃で戦国大名の斎藤道三《どうざん》と、嫡子《ちゃくし》の同義龍《よしたつ》が対立した際、明智城主・明智光安《みつやす》（宗宿入道《そうしゅくにゅうどう》）は道三方に身を投じる。次いで、義龍が同年4月の長良川《ながらがわ》の戦いで道三を討ち取ると、光安は明智城へ引き籠もった。義龍はこれに腹を立て、8月に三千人で明智城を攻め、城主の光安らを討死や自刃に追い込む。この時、光秀は叔父《おじ》である光安らと運命をともにしようとしたが、光安から一族の男子を託され、同城を逃れた。この後、光秀は美濃郡上郡《ぐじょう》（岐阜県郡上市）を経て越前《えちぜん》（福井県）へ赴《おもむ》いた、と『明智軍記』には記されている。享禄元年という記述を信じれば、当時の光秀は二十九歳だったはずである。

また、『明智軍記』には、京都へ一度赴いた、ある寺に妻子を預けて弘治《こうじ》３年（１５５７）から諸国を二年間放浪した、などとも記されている。この間、上杉謙信《けんしん》、武田信玄《しんげん》、北条氏康《うじやす》、今川義元《よしもと》、宇喜多直家《うきたなおいえ》、毛利輝元《てるもと》、大友宗麟《そうりん》、島津義久《よしひさ》といった天下の名将たちの城下町へ赴き、以上の人々の政治や軍事の実態を学んだという。

ただし、たとえば毛利氏の居城、名前が「安芸《あき》広島毛利大膳大夫《だいぜんのだいぶ》輝元」となっているが、当時の毛利氏の居城は安芸国吉田郡山城《よしだこおりやま》（広島県安芸吉田市）で、当主は輝元ではなく毛利元就《もとなり》（輝元の祖父）だった。以上のように、光秀の諸国放浪に関する箇所には明らかな誤謬《ごびゅう》が多く、やはり信じるに足りない。おそらく、この諸国放浪に関する箇所は、源義経《よしつね》や秀吉の少年時代の放浪譚《たん》に想を得て執筆されたものに違いない。それはともかく、やはり『明智軍記』に記されているところによると、越前に戻った光秀は戦国大名・朝倉義景《よしかげ》に重用された。なお、義景が光秀を重用したのは、光秀が卓越した鉄砲の名手であったからという。しかし、光秀が義景に仕えていたという点も、鉄砲の名手だったという点も、『信長公記《しんちょうこうき》』などの良質の伝記、軍記には記述がなく、各種の系図類にもまた記述がない。詳しくは次項以降で触れるが、要するに永禄11年（1568）に上洛《じょうらく》するまでの光秀は、「前半生の経歴が判然としない」のである。

◆晩年になって出世のチャンスを掴む

そんな光秀が歴史の表舞台に登場するのは、永禄11年、越前《えちぜん》に亡命中の足利義昭《よしあき》が上洛、将軍就任を目論《もくろ》むあたりからである。同8年（1565）、室町幕府の第十三代将軍・足利義輝《よしてる》（義昭の兄）が、二条御所の変で暗殺された。当時、出家して大和《やまと》（奈良県）にいた義昭の周囲にも危険が迫ったため、幕臣・細川幽斎《ゆうさい》（藤孝《ふじたか》）らの奔走《ほんそう》で義昭は近江を経て越前へ亡命する。しかし、越前の戦国大名である義景には余力も、熱意もなかったことから、義昭は天下統一の野望を抱いていた信長の袖に縋《すが》った。

『細川家記』によると、光秀は義景に仕えていたと記されており、現在、義景の居館・越前一乗《いちじょう》谷館《だにやかた》（福井県福井市）の近郊に光秀の住居跡といわれる場所が残る。ただし、信長の伝記である『信長公記』の同11年の義昭、信長の上洛の箇所には、なぜか光秀の名は記されていない。もしかしたら、光秀が義昭と信長との対面や、義昭の上洛実現に尽力したと喧伝《けんでん》されているが、実際には使い走りをした程度なのかも知れない。

なお、幕臣の名を記した『永禄六年諸役人付』には、足軽衆《あしがるしゅう》の箇所に明智という記述がある。ここでいう足軽衆とは戦国武将の家臣団における足軽隊のことではなく、将軍に近侍《きんじ》する者を指す。したがって、光秀は後年の徳川将軍に近侍する小姓《こしょう》のような役目を果していたのだろう。ただし、この『永禄六年諸役人付』の当該部分の記述は永禄10年（1567）頃のものであるという。また、英俊の『多聞院日記』天正10年6月17日の条には、光秀がかつては「細川ノ兵部太夫《ひょうぶのだいぶ》（幽斎）」の中間《ちゅうげん》だったらしい、という意味の記述がある。

本当に光秀が幽斎の中間であったか否かは、ほかの史料からは確認できない。しかし、いうまでもなく現代でも政治家を目指す若者が代議士の秘書として修行を積んだり、県議会議員の秘書がその県議会議員の推薦を得て代議士の秘書になる例が少なくない。光秀が義昭に仕えるに際して、当時は幕臣を代表する存在だった幽斎に一

光秀の居城・坂本城址の石碑（滋賀県大津市）

時仕えていたり、幽斎の推薦を得ていたとしても不思議はないのである。なお、幽斎を第十二代将軍・足利義晴《よしはる》（義輝、義昭の父）の御落胤《ごらくいん》とする説も根強い。幽斎は天文《てんぶん》3年（1534）生まれ、義輝は同5年（1536）生まれ、義昭は同6年（1537）生まれであるから、御落胤説を信じれば幽斎は将軍である義輝や義昭の異母兄ということになる。いずれにしても、光秀がかつて幽斎の家臣を経て義昭に仕えたという説は、事実を伝えているように思われてならない。

次に、武将としての光秀の活動が『信長公記』で確認できるのは、永禄12年（1569）1月5日の本圀寺《ほんこくじ》（京都市下京区）の戦いの時である。先に義輝を暗殺したのは松永久秀《ひさひで》、三好三人衆（三好長逸《ながゆき》、同政康《まさやす》、岩成友通《いわなりともみち》）だったが、三人衆は性懲《しょうこ》りもなく本圀寺にいた義昭を襲撃した。これを受けて、京都やその周辺にいた織田方の武将や幕臣が同寺へ駆けつけ、身命を賭して第十五代将軍となっていた義昭を守った。この時、駆けつけた者の中に光秀の名も認められるが、当時の光秀が幕臣だったのか、信長の家臣だったのかは不明である。

なお、上洛当初の信長は、四、五人の重臣に京都やその周辺の政治を委ねることが多かった。特に、光秀は当時はまだ木下姓を名乗っていた羽柴《はしば》（豊臣）秀吉や、丹羽長秀《ながひで》、中川重政《しげまさ》とともに政治の運営に当たるなど、新参としては異例の活躍を重ねている。

享禄元年生まれという『明智軍記』の記述に従えば、永禄11年の上洛時の光秀は四十一歳だったことになろう。当時は「人間五十年」といわれた時代であったから、「光秀は晩年になってから出世のチャンスを摑《つか》んだ」と断言してもよいと思う。その一方で光秀は、元亀《げんき》元年（１５７０）１月に信長から五ケ条の条書《じょうしょ》を受け取った。この条書には、

「将軍は信長の副状《そえじょう》がない御教書《みぎょうしょ》（命令書）を発行しない」

などといった点が記されていた。すなわち、条書の内容は将軍・義昭の牽制《けんせい》を狙ってのものだが、光秀らが説得したのであろう。義昭は条書に印を押して追認している。以上をみると、当時の光秀が室町幕府の幕臣の筆頭格として、将軍・義昭と実力者・信長との利害調整に奔走《ほんそう》していたと考えてもよいであろう。

◆光秀は明智姓に愛着がなかったのか？

『信長公記』の天正３年７月３日の条には、朝廷から官位、官職の叙任《じょにん》、補任《ぶにん》の内示があったが信長がこれを拒絶し、代わって重臣が姓や官位、受領名《ずりょうな》を受けたことが記されている。この時の信長の行為は、一般には、

「信長は中世的な権威を嫌っていた。だから朝廷が叙任、補任を内示しても見向きもしなかった」

と理解されている。ただし、信長が中世的な権威を嫌っていたという点は断言できないように思う。なぜならば、公家《くげ》・勧修寺晴豊《かじゅうじはるとよ》の日記『日々記』の同10年４月25日の条に、信長の重臣、京都所司代《しょしだい》の村井貞勝《さだかつ》が武家伝奏《でんそう》である晴豊に対して、信長を、

「太政大臣、関白、将軍のいずれかに推薦するべきである」

と申し入れた、という意味の記述があるからにほかならない。なお、信長が太政大臣などの三《さん》職《しょく》への推薦を求めたのは、自身ではなく嫡子の織田信忠《のぶただ》だった可能性もある（渡辺江美子「織田信忠考」『日本歴史』第四百四十号）。

三職推薦の問題はともかく、天正3年（1575）に朝廷から姓や官位、受領名を賜ったのは、次の面々である（註＝カッコ内に記したのは、姓などを示す）。

松井友閑《ゆうかん》（二位法印《ほういん》）、明智十兵衛（維任日向《これとうひゅうが》）、簗田左衛門太郎《やなださえもんたろう》（別喜右近《べっきうこん》）、丹羽五郎左衛門《ごろうざえもん》（惟住《これずみ》）

以上のうち、明智十兵衛こと光秀が賜った姓は惟任と表記されることが多い。惟任、別喜(戸次)、惟住はいずれも九州で繁栄した名族の姓である。では、なぜ光秀、左衛門太郎こと広正、五郎左衛門こと長秀が九州ゆかりの姓を賜《たまわ》ったかについては、当時の信長が将来の九州征伐を計画していたとみる説がとり沙汰されてきた。

以後、光秀は惟任日向守という姓名で軍記などに登場するが、惟任姓を賜る前後から、光秀は明智姓を家臣などに与えている。

まず、明智姓を与えた家臣の代表格は、重臣、娘婿の明智秀満《ひでみつ》（三宅弥平次《やへいじ》）である。もっとも、秀満は当時の良質の史料には三宅弥平次の名で登場するが、明智姓を与えられていたのは確実である。そんな秀満の出自については『明智軍記』などが光秀の従弟《いとこ》とするが疑わしく、職人の子とする説すらある。

しかし、勇猛、且《か》つ思慮深い名将であったからか、正室に光秀の娘を迎えて、明智姓を許された。この正室というのははじめは荒木村安《むらやす》（村次《むらつぐ》／村重《むらしげ》の嫡子）の正室だったが、同6年に舅《しゅうと》の荒木村重が謀叛を起こした時に離別されたという女性である。

次に、近江や丹波《たんば》（京都府中部ほか）の武将の中にも、猪飼野秀貞《いかいのひでさだ》（明智半左衛門《はんざえもん》）のように光秀から明智姓を与えられた者がいた。猪飼野氏は近江堅田《かたた》（滋賀県大津市）の武将だが、秀貞は同10年の本能寺の変後も長秀、家康に仕えた。無論、本能寺の変以降は明智姓を捨てて猪飼野（猪野）姓に戻っている。

また、信長は天正元年（元亀《げんき》4年／1573）に義景を攻め滅ぼした後、越前に三沢秀次《ひでつぐ》（少《しょう》兵衛《べえ》）、津田元嘉《もとよし》、木下祐久《すけひさ》の三人を残した。三人はそれぞれ光秀、滝川一益《かずます》、秀吉の代官《だいかん》とみられるが、祐久を高台院《こうだいいん》（お禰《ね》／秀吉の正室）の父とみなす説もある。同3年（1575）から光秀による丹波平定作戦がはじまると、秀次もこれに従ったという。そして、茶人・津田宗及《そうぎゅう》の茶会に出席している明智少兵衛（勝兵衛）なる人物は、この秀次だと思われる。なお、第1章の「明智光秀は自刃しなかった！」などで少し触れたが、光秀の自刃後、首を切り落としたという側近・溝尾勝兵衛《しょうべえ》（庄兵衛）こそが、明智少兵衛こと三沢秀次であるという説がある。その説の当否はともかく、同10年以降の秀次の動向は明らかではない。

以上のように、光秀は複数の家臣に明智姓を与えている。では、光秀は、

「明智姓に愛着がなかったのか？」

と思ってしまうが、実際はその逆ではないかと思われてならない。いうまでもなく、秀吉や家康は天下人となる以前から旧姓である木下、羽柴、あるいは松平を盛んに家臣や外様の武将に与えている。あまり知られていないが、津田というのは信長の家ゆかりの姓で、甥の信澄のように織田一族で津田姓を名乗った例が認められる。あるいは、先に名を挙げた元嘉なども信長の一族であるのかも知れない。

主君が実名の一字を家臣に与える偏諱《へんき》（一字書き出し）などと同様に、姓や旧姓を家臣に下げ渡すのは戦国時代には広く行なわれていた。したがって、光秀は、

「明智姓に愛着がなかったのか？」

という疑問は、まったくの的外《まとはず》れなのである。

◆異例の大出世と光秀をめぐる女性たち

そんな光秀は義昭と信長の双方を主君と仰ぐという微妙な立場だったが、天正元年に義昭が挙兵した時、これに同調しなかったことから信長に重用される。そして、次々と軍事面での功績を重ね、

やがては織田方の近畿方面軍司令官ともいうべき地位に据えられた。義昭と信長の両人を主君と仰ぐようになったのが永禄11年、信長一人を主君と仰ぐようになったのが天正元年であるから、以後は短期間で異例の大出世を遂げたといえよう。光秀が卓越した武将であったこと、事務処理の能力に長けていたこと、義昭の旧臣《きゅうしん》や近畿各地の武将を自身の家臣や与力《よりき》としたことなどが、この異例の大出世の理由であろう。

　そのほかに、明智一族の女性が信長の妻妾となっていたことも、異例の大出世の一因であるかも知れない。よく知られているように、信長の正室・濃姫《のうひめ》（帰蝶《きちょう》）は美濃（岐阜県南部）の戦国大名・斎藤道三《どうさん》と、その正室・小見《おみ》の方《かた》の娘だった。小見の方は光秀の父の妹とされているので、光秀と濃姫は従兄妹《いとこ》の間柄ということになる。

　不死伝説などとは「似《に》て非《ひ》なる」

細川ガラシアの石像（大阪市中央区・大阪カテドラル聖マリア大聖堂）

話だが、「濃姫がいつ死んだのか？」という点は論議の的《まと》となってきた。信長が実家の斎藤氏を攻め滅ぼす前に、正室の濃姫を美濃へ送り返したとする説もあるし、いつの頃か病没したとみる説もある。天正10年の本能寺の変で織田方の能《のう》という女中が討死しているが、この能と濃姫とを混同する向きもあるようである。事実、岐阜市不動町の西野不動堂《ふどうどう》には、本能寺で落命した濃姫の遺髪を埋めたという濃姫の遺髪塚がある。地元の伝承によると、遺髪は家臣によって本能寺からこの地まで運ばれたとされている。前後したが、この西野不動堂は濃姫ゆかりの道三塚、稲葉山《いなばやま》（岐阜）城跡、鷺山《さぎやま》城跡（以上、岐阜県岐阜市）などへ徒歩で行ける場所にある。

しかし、天正年間（1573～1591）後半の『織田信雄分限帳《のぶかつぶげんちょう》』には、

「一、六百貫文《かんもん》　むつし　安土殿《あづちどの》」

という記述が認められる。『織田信雄分限帳』はこの時代に尾張清洲《おわりきよす》城（愛知県清須《きよす》市）主だった織田信雄（信長の次男）の家族や家臣の顔触れが記されている良質の史料だが、当時の風習に従えば安土殿とは安土城の主《あるじ》・信長の正室を指す呼称であろう。

したがって、『織田信雄分限帳』が作成された時点で濃姫は存命していた可能性が高い。さらに、摠見寺《そうけんじ》（滋賀県近江八幡《はちまん》市）の史料によって、濃姫が慶長《けいちょう》17年（1612）7月9日に病没したとする説が、先年、研究者によって発表されている。

ちなみに、これも不死伝説とは「似て非なる」話だが、昭和40年代の『岐阜県史』編纂《へんさん》事業の段階で、

『六角承禎条書写《ろっかくじょうていじょうしょうつし》』という史料がクローズアップされた。この『六角承禎条書写』は近江南部の戦国大名・六角承禎が重臣に宛てたものである。編纂室長の丸山幸太郎氏が分析した結果、それまで道三ただ一人の業績と考えられていたものが、実際には父の長井新左衛門尉《しんざえもんのじょう》と、道三との二代にわたる業績であることが判明した。以上のように、斎藤氏の人物の経歴などに関しては、通説とは異なる新事実が少なくない。

次に、一般にはほとんどその存在を知られていないが、光秀の妹と思われるツマキなる女性が信長の側室となり、寵愛《ちょうあい》を受けていたことも判明している。そのツマキが本能寺の変の前年に当たる天正9年7月8日に病死したことが、英俊の『多聞院日記』同年8月21日の条に記されている。英俊が記したその内容は、

「去《さる》七月八日の頃か、惟任ノ妹御《お》ツマキ死了《しにおわんぬ》。信長一段ノキヨシ也《なり》。向州《こうしゅう》比類なく力を落とすなり」

というものである。惟任、向州（日向守）は光秀のことで、「信長一段ノキヨシ也」は研究者の間でも解釈が分かれるが、

「信長は光秀と距離を置くようになった」

とみる説がある。歴史に「もしも」は禁物だが、「もしも」ツマキが翌年まで存命で信長の寵愛を受け続けていたならば、光秀は本能寺の変を起こさなかったのではないかと思われてならない。

次に、光秀の正室について触れたいと思う。時折、
「正室を愛していた光秀は、正室以外の女性を身辺に近づけなかった」
といわれることがある。側室がいなかったのか否かは断言できないが、『綿考輯録《めんこうしゅうろく》』には光秀の正室は妻木範凞《のりひろ》（勘解由左衛門《かげゆざえもん》）の娘・凞子《ひろこ》、『妻木氏系図』では光秀の正室は妻木広忠《ひろただ》（勘解由左衛門）の娘と記されている。

江戸時代以降に執筆された書物では、凞子は光秀が世に出るまでの間、苦しい家計をやりくりした賢夫人とされている。中でも、凞子が家計を助けるために黒髪を売ったという逸話は古くからとり沙汰されてきた。余談ながら、当時、長い黒髪はかもじ（かつら）として利用されていたので、女性が黒髪を売ることがあったのである。ただし、類似した逸話は見性院《けんしょういん》（山内一豊《かずとよ》の正室）などにも残っている。

濃姫と同様、「凞子がいつ死んだのか?」という点は議論の的となってきた。これも、不死伝説とは「似て非なる」話だが、『細川文書』では凞子が天正４年（１５７６）11月7日に没したことになっており、光秀ら明智一族の菩提寺である西教寺《さいきょうじ》（滋賀県大津市）の墓碑にもこの日付が刻まれている。また、『細川文書』によると凞子の没後、光秀は田熊政守《たくままさもり》（駿河守《するがのかみ》）の娘を側室に迎えたという。

信じるに足る内容ではないが、『明智軍記』では同10年6月14日の近江坂本城（同市）の攻防戦

の際、光秀の正室が命を落としたと記されている。この時、重臣、娘婿の秀満は自身の正室（光秀の娘）、光秀の正室を殺害した後、自刃したという。この光秀の正室というのは、熈子の没後に迎えられた継室《けいしつ》（後妻）か、側室を指すのであろうか。

あまり一般には知られていないが、当時の公家の日記などによると、意外にも生前の光秀は病弱で、天正年間の前半には病気のために生死の境を彷徨《さまよ》ったこともあった。幸いにも、光秀自身は回復したが、看病に当たっていた女中が落命したというから相当重病だったことが窺える。したがって、正室である熈子も心身両面で気苦労が絶えなかったに違いない。あるいは、天正４年11月７日に熈子が病没したのは、夫の看病疲れが原因であった可能性も指摘できよう。

さらに、これも詳しくは本章後半の「十一か所もある光秀の生誕地」で詳しく触れるが、『細川文書』には光秀が実は美濃堂洞《どうほら》城（岐阜県富加《とみか》町）主・岸信周《のぶちか》（勘解由左衛門《かげゆざえもん》）、市《いち》の方《かた》（明智光綱《みちつな》の妹）夫妻の子で、実子に恵まれなかった伯父《おじ》・光綱の養子となったと記されている。光秀の実父という信周は斎藤氏に仕えていたが、永禄８年（１５６５）に織田方の攻撃を受けて城は陥落《かんらく》し、信周と嫡子・信房《のぶふさ》は自刃した。光秀の母という市の方は、この時に夫らと運命をともにしたとされているが、母が堂洞城主の正室という点が美濃平定を目論《もくろ》んでいた信長の「目に止まった」可能性も指摘できよう。

十一か所もある光秀の生誕地

◆美濃可児郡長山（明智）城説

前節（「出自や父母の名も一定しない光秀」）で少し触れたとおり、光秀の父の名には諸説がある。何よりも、光秀の父といわれている武将は、どこに居城があったのかすら判然としない。そういった事情からか、光秀の生誕地といわれる場所が少なくとも全国に十一か所もある。

まず、従来は『明智軍記』などをもとにして、「光秀は父の居城だった美濃《みの》明智城で生まれた」と説く向きが多かった。また、その美濃明智城とは岐阜県可児《かに》市瀬田《せた》の長山（明智）城のこととされてきた。事実、瀬田には長山城跡といわれるものがあり、城の痕跡という出丸《でまる》、曲輪《くるわ》なども残っているとされてきた。昭和48年（1973）以降に発行された調査報告書、岐阜県の城郭をテーマとした書籍では、城郭の概要図を掲載しているものも多い。

なお、長山城跡は名鉄広見線明智駅（可児市）から徒歩十数分の場所にあり、現在は城跡も整備されている。また、瀬田には光秀の位牌《いはい》を安置する天龍寺《てんりゅうじ》（同市）もある。

ところが、ところが、である……。考古学者の中井均氏らが執筆した『可児市史』〔第1巻〕（平成17年〔2005〕）の「長山城跡（市指定史跡）」の項では、中井氏（織豊《しょくほう》期城郭研究会代表）らによる調査結果として、

「長山城跡主郭とされている標高一七八メートルの地点は（中略）周辺には人工的な切岸《きりぎし》や削平地は一切認められず、城跡としては疑問が残る」

　とした上で、長山城跡の堀切《ほりきり》、東出丸、および複数の曲輪といわれるものが城郭遺構とは認められず、「人工地形の谷である」と結論づけている。さらに、

「今回の調査所見を契機に、周辺地域も含め、考古学的な調査や地積図の検討、また、地元に残る伝承の再整理や文献史学の面などさまざまな角度からの調査を行ない、今後明らかにしていかなければならない」

　と記して、「長山城跡（市指定史跡）」の項を終えている。『可児市史』（第1巻）は可児市が発行した自治体史であるにも拘《かか》わらず、編纂《へんさん》委員である中井氏らは市史跡を、

「人工的な切岸や削平地は一切認められず、城跡としては疑問が残る」

　と断言しているのだから、驚かされる。

　その一方で、歴史学者の小和田哲男博士は、

「可児市広見・瀬田の明智城址周辺では、明智城址の麓の一画に、明智氏の平時の居館址といわれるところがあり、（中略）私は、可児市広見・瀬田の明智城址の方が、光秀の誕生地としてふさわしいのではないかと考えている」

　と主張されている（小和田哲男『明智光秀』平成10年〔１９９８〕）。

ところで、昭和48年以降に発行された書籍などが長山城跡の概要図を掲載するなどしているのは、あるいは前年にＮＨＫ大河ドラマ『国盗り物語』が放送されたことと何らかの因果関係があるのかも知れない。作家・司馬遼太郎氏の『国盗り物語』の主役は斎藤道三と信長だが、大河ドラマの最終盤には光秀（配役は近藤正臣さん）と羽柴（豊臣）秀吉が準主役級として大活躍した。当時は岐阜県可児郡可児町だった地元も、大いに盛り上がったという。

◆美濃恵那郡明知説

美濃明智城を光秀の生誕地としつつも、（明智城ではなく）明知城が現在の岐阜県恵那《えな》市明智にあったと説くのが美濃恵那郡明知説である。

歴史と文学とを混同するつもりは毛頭ないが、歴史小説では作家・山岡荘八氏の『太閤記』が美濃可児郡長山（明智）城説を、作家・吉川英治氏の『新書太閤記』、司馬氏の『国盗り物語』が美濃恵那郡明知説を採用している。

なお、美濃恵那郡明知はかつては岐阜県恵那郡明智町だったが、平成16年の自治体合併の結果、同県恵那市明智町となった。最寄駅は明知鉄道明知線明智駅である。恵那郡役所編『恵那郡史』（昭和元年〔１９２６〕）や、恵那郡明智町編『明智町誌』（昭和35年）は地元に残る伝説として、①光秀が明智町役場の南の千畳敷《せんじょうじき》にしばらく住んだこと、②明知城跡に「明智光秀産湯の井戸」があること、③八王子神社境内に「明智光秀手植えの古楓《こかえで》」やゆかりの人麿社《ひとまろしゃ》（柿本人麻呂社《かきのもとのひとまろしゃ》）があること、④光秀が長楽寺《ちょうらくじ》（廃寺）の僧侶に師事していたこと、などを記している。

念のために説明すると、現代では妊婦の大部分が病院で出産するため、産湯は看護師、助産師といった病院のスタッフが準備する。これに対して、戦国時代には妊婦の大部分が嫁ぎ先や実家で出産していた関係で、生誕地に「産湯の井戸」と呼ばれるものが残っているのである。同じ時代を生きた武将では、光秀との間に確執があったと喧伝《けんでん》されている森蘭丸《らんまる》の「産湯の井戸」が美濃金山《かねやま》城跡（可児市）に現存する。蘭丸の生誕地・金山城跡は、前項で触れた美濃可児郡長山（明智）城説ゆかりの長山城跡に近い。ついでながら、母親の胎内《たいない》で胎児《たいじ》を包んだ膜、胎盤《たいばん》のことを胎衣《えな》というが、歴史上の人物の臍《へそ》の緒《お》、胎衣を埋めたという臍の緒塚、胎衣塚というのも全国各地にある。ただし、「明智光秀産湯の井戸」は全国各地にかなりの数が残っているものの、なぜか光秀の臍の緒塚、胎衣塚と呼ばれるものは皆無に近いと思う。

もっとも、旧・明智町は明治22年（１８８９）に町政を施行した時は明知町で、表記を明智町に変更したのは昭和29年（１９５４）だった。また、国鉄明知線明知駅の開業は同９年（１９３４）だが、明知駅の表記が明智駅に変わったのは明知鉄道が発足した同60年だった。つまり、明知町が明智町になっても、駅名は30年以上、明知駅のままで、鉄道名、路線名はいまだに明知鉄道、明知線のままということになる。余談ながら、美濃可児郡長山（明智）城跡の最寄駅は名鉄広見線明智駅であるので、同60年以降、岐阜県内には明智駅が二つあるわけである。以上の経緯を聞くと、「表記が明知町、明知鉄道ならば、明智光秀とは無関係ではないのか？」

という疑問を抱かざるを得ない。事実、この地の明知（遠山）城は戦国時代末期、安土桃山時代を通じて明智遠山氏の居城であった。ところが、信濃《しなの》（長野県）や三河《みかわ》（愛知県東部）に近かったことが災いして再三再四、甲斐《かい》（山梨県）の戦国大名である武田信玄《しんげん》・勝頼《かつより》父子の軍勢に明知城を奪われている。天正《てんしょう》2年（1574）2月には武田方の攻勢を受け、信長と織田信忠《のぶただ》（信長の嫡子）が美濃東部まで出馬して明知城救援に向かう。この時、光秀も従っていたという説があるが、実際は大和多聞山城《やまとたもんやま》（奈良県奈良市）にいたものと思われる。

ちなみに、美濃恵那郡にはかつて多羅郷《たらのごう》という地名があったという。このため、地元では『明智系図』（『続群書類従《ぞくぐんしょるいじゅう》』所収）などで光秀の誕生地とされている濃州《のうしゅう》の多羅を現在の恵那市恵那市明智町内と見なす説が主張されている。

それはともかく、旧・明智町ではNHK大河ドラマ『国盗り物語』が放送される前後から、光秀の顕彰、観光客の誘致を目指して「光秀まつり」を毎年5月3日に開催している。また、現在、恵那市明智町の龍護寺の入口に光秀の供養塔があり、さらに、同寺には光秀所用という直垂《ひたたれ》が寺宝《じほう》として所蔵されている。ほかにも光秀の母・於牧《おまき》の方《かた》の墓碑もあるなど、恵那市明智町には光秀ゆかりという史跡が多いのである。

◆美濃土岐郡鶴ケ城・一日市場説

安土桃山時代、江戸時代初期の系図、史料などには記述がないようだが、美濃土岐《とき》郡鶴ケ城・一日市場《ひといちば》説というものもある。この説では、光秀が享禄《きょうろく》元年（大永《だいえい》８年／１５２８）に美濃土岐郡鶴ケ城（岐阜県瑞浪《みずなみ》市土岐町鶴城）で、明智光隆《みつたか》、小牧《おまき》（牧）の方《かた》（武田義統《よしずみ》の妹）を父母として生まれたとする。出生後の産湯は、山麓・一日市場の井戸の水を使ったともいう。念のために記すと、光秀の母といわれる女性はお牧の方、於牧の方、牧の方といった具合に、各説によって俗名の表記が異なるので注意を要する。

一日市場は源平争乱期に土岐氏が本拠を置いた同氏発祥の地だが、鶴ケ城は高野《こうの》城、神篦《こうの》城ともいう。『信長公記《しんちょうこうき》』によると、天正２年１月６日、美濃恵那郡明知城の救援のために、信長がこの高野城へ入城している。また、同10年（１５８２）５月10日には、甲州《こうしゅう》征伐に赴く途中の信長が高野城へ宿泊したという。この前後、高野城は関成正《なりまさ》（もしくは嫡子）の居城だったといわれており、成正の正室は高野殿《こうのどの》（森蘭丸《らんまる》の姉）と呼ばれていた（『森家先代実録』）。高野殿というのは、高野城主の正室であることにちなむ呼び名に違いない。

やはり、地元の伝承などによると、この地に生まれた光秀は二歳の時、叔父《おじ》（伯父《おじ》）で明智城代・明智光安《みつやす》に引き取られたため、鶴ケ城を離れたという。やはり、地元に残る伝承によると、光隆と小牧の方は光秀が二歳の時に離婚したとされているから、叔父の光安に引き取られたのはそれが理由なのかも知れない。加えて、父の光隆は光秀が十一歳の時に病死したといわれている。ともあれ、一日市場が土岐氏発祥の地であること、また天正年間に信長が何度もこの高野城へ入城していることなどを鑑《かんが》みると、土岐氏の支族とみなされることが多い光秀の生誕地であっても不思議ではない。あるいは、信長が何度も高野城へ入城したのは、同城生まれの光秀の建言、アドバイスだったのかも知れない。

加藤宏一氏の「瑞浪市に三ケ所ある明智光秀の産湯の井戸」（三浦登子郎編『明智光秀』所収、平成13年〔2001〕）には、光秀の母や産湯の井戸に関して、加藤氏は友人から、

「明智光秀のお母さんが、この上の八幡様《はちまんさま》の所に屋敷が在《あ》った殿様の娘だった。嫁さんに行って子供を生《う》みに帰った時、女中さんが此処《ここ》から産湯に使う水を汲《く》んだからだ」

という話を（平成13年から）七十五年以上も前に聞き、「明智光秀産湯の井戸」の場所を教えられたという。ただし、加藤氏によると、鶴城、一日市場の付近には「明智光秀産湯の井戸」がほかにも二か所あるというから、驚くほかはない。

先年、一日市場の八幡神社境内に土岐氏一日市場館跡の石碑が建立され、近年には同じく境内に光秀の石像（胸像）も建立された。この八幡神社は、加藤氏の友人が語ったという八幡様のことに違いない。もっとも、「八幡様の所に屋敷があった殿様の娘」というのは、若狭《わかさ》（福井県南部）の戦国大名である義統の妹とする伝承とは明らかに食い違う。地元に残る伝承では、母は離婚後、若

狭の実家へ帰ったとされている。

◆美濃加茂郡堂洞城説

これは本章の前半の「異例の大出世と光秀をめぐる女性たち」の項で少し触れたが、『細川文書』には光秀は美濃加茂《かも》郡堂洞《どうほら》城（岐阜県富加《とみか》町）主・岸信周《のぶちか》（勘解由左衛門《かげゆざえもん》）、市《いち》の方《かた》（明智光綱《みちつな》の妹）夫妻の子で、実子に恵まれなかった伯父・明智光綱の養子になったという記述がある。信周は斎藤道三《どうさん》にはじまる美濃の戦国大名・斎藤氏に仕えたが、信長による永禄《えいろく》8年（1561）の堂洞城攻防戦に敗れ、嫡子・岸信房《のぶふさ》とともに自刃《じじん》する。

堂洞城攻防戦をテーマとした『堂洞軍記』もあるが、この『堂洞軍記』などには正室が攻防戦の際に薙刀《なぎなた》を振るって敵方を大いに苦しめたが、その姿は伝え聞く女武者・板額御前《はんがくごぜん》を思わせるものがあったと記されている。また、信房が落命したと伝えられた信周が落涙《らくるい》すると、正室は「討死は武家の倣《なら》い」と口にした末に、夫と刺し違えて自刃したとも記されている。落城後、堂洞城は一旦廃城になるが、天正10年（1582）に森長可《ながよし》（蘭丸の兄）が城跡に陣地を築き、美濃東部平定の拠点としている。

かつて、可児市にも近い堂洞城跡には遺構が随所に残っていたが、昭和時代以降の開発によって多くが失われた。また、地元では時折、勇猛な正室のことが話題となるというが、正室が光秀の母だという話はまったくとり沙汰されないという。地元の方に伺ったところによると、「明智光秀産湯の井戸」なども城跡やその周辺にはないとされている。また、光秀の父の名を岸信周とするのは、山岸信周との重複（混同）とみなす主張もある（『可児市史』〔第2巻〕）。

以上のような関係で、富加町は先年発足した「明智光秀公ゆかりの地連絡協議会」にも参加していないのだろう。

◆美濃山県郡中洞説

現在の岐阜県内で美濃可児郡長山（明智）城説、美濃恵那郡明知説に比肩《ひけん》するほど有名なのが、美濃山県《やまがた》郡中洞《なかほら》説である。この美濃山県郡中洞説の舞台である現在の岐阜県山県市中洞には光秀の不死伝説も残っている。中洞の不死伝説は、手短にいうと、

「天正10年に小栗栖《おぐるす》（京都市伏見区）で自刃しなかった光秀は、生誕地である中洞に隠棲《いんせい》した。そして、明智氏再興を実現するべく慶長《けいちょう》5年（1600）の関ケ原の戦いに参加しようとしたが、途中の藪川《やぶかわ》（根尾川《ねおがわ》）で溺死《できし》した」

というものである。不死伝説の詳細は第5章の「光秀は畿内や美濃山中で生きていた！」で踏み込んで触れることにして、本項では中洞を生誕地とする説を紹介する。

まず、舞台である中洞は岐阜県の県庁所在地・岐阜市の北北西約15キロメートルにある集落で、

武儀川《むぎがわ》が集落を貫くという自然豊かな場所である。なお、中洞を含む一帯の自治体名はかつては岐阜県美山町《みやま》であったが、平成18年（２００６）の自治体合併に伴い山県市になった。では、「なぜ光秀が中洞で生まれたのか？」という点について地元の伝承では、

「光秀の母が中洞の武士・中洞源左衛門《げんざえもん》の長女・お佐多《さた》だったからだ」

とされている。土岐四郎基頼《しろうもとより》の妻となったお佐多は懐妊後、郷里に戻って武儀川にある行徳岩《ぎょうとくいわ》の上に座り、

「天下に名を残す男子、もしくは見目麗《みめうるわ》しい女子を授け給《たま》え」

と一心不乱に祈った。やがて、お佐多は玉のような男児を産むが、この男児こそが後の光秀であるという。現在、中洞の白山《はくさん》神社境内には「明智光秀産湯の井戸」跡があり、近くには中洞源左衛門の屋敷跡、すなわち光秀の生誕地の跡、光秀が読み書きを習ったという学問所の跡といわれる場所、お佐多ゆかりの「庵の庭」、（産湯の井戸とは別の）井戸、襁褓《おしめ》を洗ったという小川、光秀やお佐多らの位牌を安置する阿弥陀《あみだ》堂《どう》なども残る。前後したが、武儀川にはお佐多が安産を祈願したという行徳岩も現存するが、昭和30年代の写真と比べると岩の形状が少し変わっているように思う。おそらく、これまでの豪雨などにより、岩が削りとられたのであろう。現在、光秀の御子孫である約二十軒の荒深《あらふか》姓の皆さんは、毎年４月、12月に白山神社と阿弥陀堂とで光秀を供養、顕彰する行事を続けている。

ともあれ、光秀の生誕地に関する諸説のうち、不死伝説が絡むのはこの美濃山県郡中洞説だけである。このため、地元の約二十軒の荒深姓の皆さんは光秀の供養、顕彰活動、生誕地、不死伝説に関する史跡の保護に熱心にとり組んでいるわけである。

もっとも、江戸時代中期の京都町奉行所与力《まちぶぎょうしょよりき》、俳人《はいじん》の神沢貞幹《かんざわていかん》の随筆『翁草《おきなぐさ》』などは中洞の不死伝説に触れつつも、「中洞は光秀の生誕地である」とは書いていない。

◆美濃石津郡多羅城説

『明智氏一族宮城家相伝系図書』や『明智系図』(『続群書類従《ぞくぐんしょるいじゅう》』所収)などの複数の系図を典拠として主張されているのが、美濃石津《いしづ》郡多羅《たら》城説である。特に留意すべきは、『明智氏一族宮城家相伝系図書』に、①光秀は享禄元年(1528)8月17日に美濃石津郡多羅(岐阜県大垣市上石津《かみいしづ》町多良《たら》)で生まれた、②光秀の父は進士信周《しんじのぶちか》、母は土岐光綱《みちつな》の妹だった、③光秀は跡継ぎに恵まれなかった伯父《おじ》で明智城主の明智光綱《みちつな》の養子となり叔父《おじ》(光綱や母の弟)・明智光安《みちやす》の後見を受けた、と記されている点であろう。生年を明記している点、父を明智氏以外の武将としている点は通説とは異なるものである。

一方、『明智系図』(『続群書類従』所収)には、㋐光秀は濃州《のうしゅう》(美濃)の多羅城で生まれた、㋑光秀の父は明智光隆《みつたか》、母は若狭の戦国大名である武田義統の妹だった、という記述がある。では、

「なぜ父が光隆、母は義統の妹である光秀が多羅で生まれたのか？」という疑問が生じるが、『明智系図』には疑問を解く鍵はないようである。

なお、光秀が生まれたという多羅城だが、実際のところ、享禄元年当時に多羅に城郭があったのか否かという点すら明らかではない。天正年間（1573～1591）の後半、豊臣秀吉の家臣・関一政《せきかずまさ》が多羅城を築城したとされるが、一政が築城したという城の場所、規模も判然としない。次いで、慶長5年の関ケ原の戦いの後に一政が伊勢亀山《いせかめやま》藩（三重県亀山市）主に国替えとなり、代わって多羅の地は美濃衆の旗本（大名格）・西高木家（高木家／二千三百石）などの領地となった。西高木家が陣屋《じんや》（表門などが現存）を構築した際、当初、有事に備えて多羅城の建物を保存したというが、無論、現在は多羅城の痕跡をみつけることは困難である。また、西高木家の陣屋が多羅城と呼ばれることもあるが、光秀が生まれたという城と位置が同じか否かも不明である。

なお、大垣市役所上石津地域事務所、大垣市上石津郷土資料館、多良歴史同好会では平成30年11月にこの説を紹介するリーフレット『明智光秀生誕の地　上石津』や幟《のぼり》を作成し、光秀をテーマとした上石津歴史講座の開催などといったこの説のPRに熱心にとり組んでいる。また、陣屋の敷地に立地する大垣市上石津郷土資料館では、企画展「明智光秀生誕の地　多羅城」（同31年／令和元年［2019］3月～）が開催されている。

以上のように、いまだに光秀が生まれたという多羅城は位置の特定にはいたっていないのだが、地元は大変な盛り上がりをみせているのである。

◆若狭遠敷郡小浜説

光秀の生誕地といわれる場所のうち、ほかと趣《おもむ》きを異にするのは本章の前半「出自や父母の名も一定しない光秀」で少し触れた若狭遠敷《おにゅう》郡小浜《おばま》説である。『若州観跡録《じゃくしゅうかんせきろく》』には、次のような驚くべきことが書かれている。

すなわち——光秀は若州（若狭）遠敷郡小浜（福井県小浜市）の刀鍛冶《かたなかじ》・冬広《ふゆひろ》の次男だったが、刀鍛冶を嫌って近江南部へ赴き、明智十兵衛と名乗って戦国大名・六角《ろっかく》氏に仕えた。後に、主君の命で使者として信長のもとへ赴いたが、信長は立ち居振る舞いが見事な光秀を気に入り、六角氏の許可を得て自身の家臣とした——のであるという。

『若州観跡録』は、後に光秀が丹波《たんば》亀山城（京都府亀岡市）主となって以降、刀鍛冶・冬広を招き多くの太刀を打たせたが、この冬広は光秀の甥《おい》であると記されている。

史実では光秀は天正2年1月に興福寺大乗院《こうふくじだいじょういん》（奈良県奈良市）の院主《いんしゅ》・尋憲《じんけん》に家臣を送り、法性《ほっしょう》五郎《ごろう》の長太刀《ながだち》を借り受けた。翌月、光秀は長太刀を返却する際、「（素晴らしい長太刀に）目を驚かした」という内容の書状を尋憲に送っている。尋憲によると、「法性寺《ほっしょうじ》の長太刀をみせて欲しい」

という依頼は多いが、光秀のように、
「法性五郎の長太刀をみせて欲しい」
という依頼は稀《まれ》であったので、貸し与えることにしたという。光秀が刀剣に関して、相当の知識、鑑定眼を有していたことが窺える逸話といえよう。また、光秀は「国行《くにゆき》」の刀、「吉光《よしみつ》」の脇差《わきざし》、「郷義弘《ごうのよしひろ》」の脇差といった天下の名刀を、居城・近江坂本城《おうみさかもと》（滋賀県大津市）の天守で愛蔵していたことは有名である。やはり、光秀は刀鍛冶の次男であるだけに、刀剣について並外れた知識、鑑定眼を持っていたということであろうか。

なお、この『若州観跡録』に登場する冬広は相模鎌倉《さがみかまくら》（神奈川県鎌倉市）の刀鍛冶・明広《あきひろ》の子孫か、門流《もんりゅう》であるというから、美濃の土岐氏の支族ではないことになる。

次に、『若州観跡録』は父を小浜の刀鍛冶としながらも、光秀の母に関する記述がない。ところで、小浜といえば光秀の生誕地に関する美濃の伝承の中に、光秀の母を戦国大名、小浜城主の武田義統の妹としているものがある。この若狭の戦国大名・武田氏は、武田信虎《のぶとら》・信玄《しんげん》・勝頼《かつより》の三代が出た甲斐の守護《しゅご》大名、戦国大名の武田氏の一族だが、武田元明《もとあき》（義統の嫡子）の時に攻め寄せた信長のために失領した。天正10年の本能寺の変の際、元明は大名への復帰を目論《もくろ》んで明智方に加担するが、山崎の戦いで光秀が大敗し、元明は近江で羽柴方の丹羽長秀《ながひで》に謀殺《ぼうさつ》されている。

先に触れた光秀の母が義統の妹という説に従えば、義統と光秀は伯父と甥、光秀と元明は従兄弟《いとこ》ということになるが、光秀の母を義統の妹とする説は明らかに後世の付会である。なぜならば、まず若狭の守護大名の妹が、居城や実名すら判然としない美濃の武士、すなわち光秀の父の正室となることなどがあろうはずはない。また、光秀は生年が正確には不明ながら、『明智軍記』などの記述から享禄元年（１５２８）頃の生まれではないかとみられている。ところが、伯父＝母の兄であるはずの義統は大永《だいえい》６年（１５２６）頃の生まれなのである。光秀の母を義統の妹で、元明が明智方に加担したのは、

「光秀と元明とが従兄弟《いとこ》の間柄だったからだ！」

などという主張が、いかに現実とかけ離れているかは論を俟《ま》たないであろう。

◆近江犬上郡左目（佐目）説

美濃や若狭の国内だけでなく、近江国内にも光秀の生誕地といわれる場所がある。江戸時代初期に執筆された近江の地誌『淡海温故録《おうみおんころく》』には——美濃出身の明智十左衛門《じゅうざえもん》が近江犬上《いぬかみ》郡左目《さめ》（佐目／滋賀県多賀町佐目）に移り住み、近江南部の戦国大名・六角氏から扶持米《ふちまい》（扶養手当）を受けた。十左衛門の二、三代後の明智十兵衛光秀は大変優秀だったので、越前の戦国大名・朝倉義景《よしかげ》に仕えるようになる。しかし、義景のもとでは出世が望めないと悟った光秀は、義景のもとを去って信長に仕えた——と記されている。

なお、『淡海温故録』には義景のもとを去る前後のこととして、光秀が「大黒天《だいこくてん》を拾《ひろ》った話」が挿入《そうにゅう》されている。「大黒天を拾った話」というのは江戸時代初期の軍学者・山鹿素行《やまがそこう》の『山鹿語類《ごるい》』などにみえる逸話で、次のような内容である。

光秀は川（『山鹿語類』では摂津《せっつ》の芥川《あくたがわ》）で「千人の頭《かしら》になれる」といわれていた大黒天の像を拾った。ところが、光秀は御利益《ごりやく》があるはずの大黒天の像をすぐに棄《す》ててしまったという。素行は像を棄てた行為を、「志気《しき》尤《もっとも》も大也《だいなり》と云《い》うべし」と評価している。

次に、『淡海温故録』の犬上郡左目の条は光秀が大黒天の像を拾った場所を越前へ向かう途中の川とする一方で、大黒天の像を棄てた理由を、

「吾《われ》千人ノ頭ハ全ク望ニアラズ。信仰シ頼ムトモ千人ニ限ラバ詮《せん》ナシ（＝千人の頭になることはまったく望んでいない。信仰しても千人と数を限っては意味のないことだ）」

と光秀が独言《どくげん》した、と記されている。ここでいう大黒天とは、本来はインドの摩訶迦羅天《まかからてん》に由来する仏教の天部《てんぶ》であるが、わが国では大国主命《おおくにぬしのみこと》と習合《しゅうごう》された。現在、わが国では七福神のうちの財宝の神として福袋、打出《うちで》の小槌《こづち》を手に持ち、米俵《こめだわら》に乗る一面二臂《いちめんにひ》（註＝顔が一つ、腕が二本）の像が一般的だが、本来の大黒天は戦闘の神で、毘沙門天《びしゃもんてん》（多聞天《たもんてん》）、大黒天、弁財天《べんざいてん》（弁天《べんてん》）の三天を一体とした三面六臂の像すら現存する。

光秀が拾った大黒天は一面二臂だったのか、三面六臂だったのかは詳らかではないが、光秀が

「千人の頭になれる」像をすぐに棄てたのは、この頃からすでに、

「あわよくば天下人になりたい！」

という思いを抱いていたからであろうか。また、『淡海温故録』には光秀が謀叛《むほん》を起こした理由について、

「徳川家康の接待を命じられたが落ち度があり、光秀は信長に踏みつけられたが、この時、光秀は『信長は自分の逆意を知ってこのようにつらく当たっているに違いない』と考え、謀叛を起こした」

と記されている。『淡海温故録』の犬上郡左目の条は、山崎の戦いで犬上郡の多賀新左衛門《しんざえもん》、久徳六左衛門《とくろくざえもん》が明智方に属したが、味方が敗れたため零落《れいらく》した、と続けている。多賀町久徳編『久徳史』（昭和43年〔1968〕）は後者の名を久徳六左衛門《ろくざえもん》（尉《のじょう》）とするが、六郎左衛門は山崎の戦いの後に零落し、西国に赴いて有馬氏に仕えたという。

一方、江戸時代に執筆された近江の地誌『近江輿地志略《よちしりゃく》』は犬上郡佐目村の条で美濃出身の明智十左衛門がこの地へ移り住んだ点や、十左衛門の子・十兵衛光秀が信長に仕官して出世した点に触れつつも、光秀がこの地の生まれとはしていない。その一方で、『近江輿地志略』の志賀《しが》郡の明智光秀墓（滋賀県大津市）の条には、

「光秀も十兵衛と号す。美濃を出て国々を遍歴し」

と記されており、『淡海温故録』の記述とは著しく食い違う。

前後したが、左目（佐目）の十二相《じゅうにそう》神社の近くには、光秀の住居・十兵衛屋敷があったという。
また、『滋賀県中世城郭分布調査』〔5〕（昭和62年〔1987〕）には佐目の高屋山城跡、佐目館跡の記述があるが、光秀が生まれ育ったのが佐目館跡だったのか否かは不明である。

◆丹波桑田郡明石説

天正3年（1575）、主君・信長から丹波《たんば》（京都府中部ほか）の平定を命じられた光秀は、丹波周山《しゅうざん》城（京都市右京区）を拠点に置いて平定にとりかかった。周山については第6章の「光秀＝天海の埋蔵金は実在する！」で詳しく触れるが、周山とは「指呼の間」である丹波桑田郡明石《あけし》（右京区）を光秀の生誕地とする丹波桑田郡明石説もある。

なお、東経135度の日本標準子午線《しごせん》が通ることで有名な兵庫県明石市は「あかし」と読み、姓の明石姓も「あかし」と読むことが多いように思う。しかし、右京区の明石は「あかし」ではなく、「あけし」と読むのが正しいので注意を要する。

ともあれ、光秀の生誕地を丹波桑田郡明石と説くのは、江戸時代前期に周防《すおう》岩国（山口県岩国市）の人・香川正矩《まさのり》が執筆した『陰徳太平記《いんとくたいへいき》』である。その『陰徳太平記』には、「光秀は明石の領民の子だったが、丹波の領主・細川氏の家臣になった」と記されている。現代ではあまり日常会話では用いない陰徳という言葉は、一見、陰《かく》れた徳、人徳のことかと早合点してしまうが、本当の意味はまったく逆である。この陰徳とは包み隠すこと、陰れた悪事のことで、『陰徳太平記』には戦国時代から江戸時代初期の山陽、山陰地方の武将の興亡をテーマとしつつも、陶隆房《すえたかふさ》（晴賢《はるかた》）、宇喜多直家《うきたなおいえ》（秀家《ひでいえ》の父）らの「一癖《くせ》も二癖もある」梟雄《きょうゆう》（註＝残忍で猛々《たけだけ》しい人物）の陰徳を書きつらねている。

それはともかく、丹波平定を命ぜられた光秀が周山を本拠としたのは、『陰徳太平記』にあるように光秀が丹波桑田郡明石の生まれだったからなのであろうか。やはり、『陰徳太平記』には、

「光秀は当初は明石姓を名乗ったが、後に明智姓に改姓した」

と記されている。ただし、正矩は光秀の生誕地を明石としながらも、光秀の父母は誰なのかといった点には触れていない。何よりも、光秀が丹波桑田郡明石の生まれであるならば、周山や亀山城を拠点として丹波平定を進める段階で、

「今度の城主（＝光秀）は目と鼻の先の明石の生まれだ！」

という話がもっと拡散したはずであるし、光秀の生誕地の具体的な場所などがクローズアップされたはずである。ところが、正矩の『陰徳太平記』以外には『校合雑記《きょうごうざっき》』にほぼ同内容の記述がある程度で、ほかに踏み込んで丹波桑田郡明石説に触れた書物もなければ、現在の右京区明石に「明智光秀産湯の井戸」や「明智光秀生誕の家跡」などといわれるものも残っていない。要するに、丹波桑田郡明石説は『陰徳太平記』の記述がすべてであって、地元には記述に符合する史跡や伝承す

らないのである。

◆美濃可児郡顔戸城説

光秀の誕生地を美濃可児郡の城郭としながらも、（長山城ではなく）顔戸《ごうど》城とする説もある。国学者・櫛田道古《みちふる》氏が明治28年（１８９５）に執筆し、翌年に訂正した『可児史略』（名古屋市舞鶴中央図書館所蔵）は光秀の姓を明知と表記し、光秀の祖父を明知頼秀《よりひで》、父を明知光綱としているが、皇紀《こうき》二千二百十六年（弘治《こうじ》2年〔１５５６〕）の条に、

「明知氏ノ祖ハ土岐ノ末流明知頼重《よりしげ》ナリ。初メテ可児郡明知郷顔戸城ヲ築キ之《これ》ニ居《お》ル」

という記述がある。なお、『可児史略』には同年の長良川の戦いで光秀が斎藤義龍《よしたつ》に属したと記されているが、これは『美濃明細記』に義龍方として登場する十兵衛《じゅうべえ》を光秀とみなしているのだろう。これまで、顔戸城は名将・斎藤妙椿《みょうちん》の居城として名高く、城跡の遺構も保存されてきた。ただし、顔戸城跡には「産湯の井戸」をはじめとする光秀ゆかりの史跡、伝承はないようである。そういった中、近年、土岐氏、斎藤氏研究の泰斗・横山住雄氏によって、この美濃可児郡顔戸城説が再評価されている。

◆美濃方県郡福光説

光秀の御子孫である作家・明智憲三郎氏が『光秀からの遺言　本能寺の変４３６年後の発見』（平

成30年（2018））で主張されている説である。憲三郎氏は光秀の父を明智光兼《みつかね》とした上で、「以上のように推理してくると光秀の誕生地は美濃国内となる。（中略）頼武《よりたけ》の居館福光館《ふくみつ》（岐阜市福光）の近傍の可能性が高いことになる」

と主張されている。なお、頼武というのは美濃の守護（県知事）・土岐頼武のことである。憲三郎氏は頼武に仕えていた父・光兼は主君の館の近くに屋敷を持っており、その屋敷で光秀が生まれたと推理しているようである。福光は現在の岐阜市福光各町、長良福光付近に当たるが、これらの地は斎藤道三ゆかりの崇福寺《そうふくじ》、稲葉山（岐阜）城、鷺山《さぎやま》城、道三塚（以上、岐阜市）から徒歩圏内の場所である。ただし、福光には「産湯の井戸」をはじめとする光秀ゆかりの史跡、伝承はないようである。

第3章　織田信長・森蘭丸は生きていた!

遺体がみつからなかった織田信長

◆信長は毛髪一本も残さず灰になった！

京都町奉行所与力《まちぶぎょうしょよりき》、俳人《はいじん》の神沢貞幹《かんざわていがん》が江戸時代中期に執筆した『翁草《おきなぐさ》』には、

「森坊丸《ぼうまる》、同力丸《りきまる》らが明智方へ斬り込んで時間を稼いでいる間に、同蘭丸《らんまる》が本能寺に火をかけて信長の遺体を灰にした」

という説が紹介されている。ここに登場する三人の森姓の武士は兄弟で、長幼の順は蘭丸、坊丸、力丸である。京都町奉行所与力、俳人の貞幹は同時代の京都を代表する碩学《せきがく》で、この『翁草』の記述は歴史、有職故実《ゆうそくこじつ》、国文学の研究者らから高い評価を得てきた。「信長の遺体を灰にした」のが事実か否かは判断できないが、信長の遺体に関して江戸時代中期の京都にかかる伝説があったことが窺え、興味深い。

信長の遺体と蘭丸をめぐっては、次のような真偽不明の逸話も残っている。信長らの尾張《おわり》（愛知県西部）時代以来の逸話が収められている『祖父物語』によると、信長の遺体は本能寺《ほんのうじ》（京都市中京区）の一室に横たえられていたが、蘭丸はその上に畳《たたみ》五、六枚を重ねて遺体を隠した。その矢先、そこへ明智方の重臣・斎藤利三《としみつ》がやってきたが、周囲にいた部下に、

「この部屋には誰も潜《ひそ》んでいないから、ほかの部屋を探せ！」

と口にして、そこから立ち去った、という。これが事実であるならば、利三は蘭丸が主君の遺体を隠していることを悟《さと》りながら、「武士の情け」で見逃したということになる。

信長の遺体の行方が不明である点と蘭丸の機転、利三の「武士の情け」との間に因果《いんが》関係があるとは思えないが、確かに信長の遺体は本能寺ではみつかっていない。

生前、信長と親交のあったキリスト教宣教師のルイス＝フロイスは、

「或人《あるひと》は彼（＝信長）が切腹したと言ひ、ほかの人達は宮殿（＝本能寺の建物）に火を放って死んだと言ふ。併《しか》し我等《われら》の知り得たところは、諸人《しょじん》がその声でなく、その名を聞いたのみで戦慄《せんりつ》した人（＝信長）が、毛髪一

織田信長の銅像（岐阜県岐阜市・JR 岐阜駅前）

本も残らず塵《ちり》と灰に帰したことである」

　とイエズス会総長に報告している（『イエズス会日本年報』）。しかし、信長の自刃《じじん》後に火災で本能寺が炎上したとしても、遺骨は残るはずである。いうまでもなく、火力の強い現代の火葬場でも、遺骨までが灰になることはない。したがって、「毛髪一本も残らず塵と灰に帰した」という記述は、まったくもって理解に苦しむ。

　また、フロイスは本能寺に駆けつけて信長の最期をみたわけではない。右の『イエズス会日本年報』の記述はあくまでも又聞《またぎ》きであり、本当に切腹（自刃）したのか、本当に毛髪一本も残らなかったのかは疑わしいといってよいであろう。他方、遺体がみつからなかったとしながらも、熊沢淡庵《たくあん》の『武将感状記《かんじょうき》』によると、信長の遺骸、遺骨はみつからなかったが、本能寺から着衣の焼け残

『本能寺焼討之図』中の織田信長（東京都立中央図書館所蔵）

りがみつかった。明智方の武士がそれを光秀にみせたが、光秀は納得しなかった、という。

次に、小瀬甫庵《おぜほあん》の『信長記《しんちょうき》』は必ずしも事実を伝えているとは思えないが、

「御首《みしるし》をもとめけれどもさらにみえざりければ、光秀深く怪《あや》しみ、もっとも恐れはなはだしく、士卒《しそつ》に命じてことのほかたずねさせけれども何とかならせたまひけん。骸骨《がいこつ》とおぼしきさえみえざりつるなり」

と「みてきた」ように書かれている。ともあれ、光秀は遺体がみつからないことから、

「信長が討死、自刃しておらず、どこかで生きているのではないか？」

という疑心暗鬼《ぎしんあんき》に陥《おちい》っていたのだろう。ちなみに、信長の一族、織田方の武将のなかに、本能寺、二条御所《にじょうごしょ》（京都市上京区）から明智方の重包囲をかい潜《くぐ》り、尾張などまで逃げ帰った者が複数いる。まず、三法師《さんぼうし》こと織田秀信《ひでのぶ》（信忠《のぶただ》の嫡子、信長の孫）は側近の前田玄以《げんい》の機転で、二条御所から尾張清洲《きよす》城（愛知県清須市）まで逃げ延びた。また、織田長益《ながます》（有楽斎《うらくさい》／信長の弟）、稲葉一鉄《いってつ》（良通《よしみち》）らも二条御所などから生還している。

ただし、二条御所に籠《こ》もった織田信忠（信長の嫡子）に自刃を勧めながら、自身は生還した長益は相当風当たりがきつかったらしい。当時の俗謡《ぞくよう》に、

「〽織田の源五《げんご》（＝長益）は　人ではないよ　お腹召《はらめ》せ召せ　召させておいて　われは安土《あづち》へ逃げるは源五（以下略）」

と痛烈に揶揄《やゆ》されたほどである。以上の人々のうち、秀信、長益、玄以は現代では、それぞれ清洲会議、茶道、豊臣家五奉行《ごぶぎょう》といったキーワードとともに語られるのが常である。

ともあれ、明智方の重包囲を突破して生き延びた人物が、織田方に複数いるのである。

◆信長は伊賀忍者に抹殺された?

信長が明智方の重包囲を突破して近江《おうみ》(滋賀県)方面へ脱出したが、伊賀《いが》忍者(伊賀者)に殺害されたとする説がある。また、信長は本能寺で自刃を試みたが、伊賀忍者に拉致《らち》され、どこかで殺害されたとする説もある。まず、作家・火坂雅志《ひさかまさし》氏は、

「本能寺を危ういところで脱出した信長は、近習《きんじゅう》数人とともに夜の若狭《わかさ》街道を北へ向かってひた走ったと思われる。(中略)若狭街道をひた走る落ち武者信長は、伊賀者の手で殺された。戦国最大の風雲児とうたわれた信長の遺骸は、いまも人知れず、洛北《らくほく》の山中深く眠っているのかもしれない」

と主張している(火坂雅志「本能寺で死ななかった信長」『歴史読本』平成4年〔1992〕12月号)。

なお、若狭街道とは若狭湾岸から琵琶湖の湖西を経て京都にいたる街道を指す。

また、作家・小林久三氏は明智方が攻め入るよりも前に、信長の暗殺を目的として編成された特殊部隊が本能寺の信長の居所へ潜入したとする説を主張している。特殊部隊は、

「おそらく伊賀の忍者を中心として編成されていたと推測できる。彼らは九カ月前に起こった信長による伊賀殲滅《せんめつ》作戦から生き延びた残党であったろう。その報復のために、彼らはしばしば信長暗殺を企てている。彼らが信長打倒のために暗躍したことは間違いない」

とも主張している（小林久三『本能寺の変捜査報告書』平成10年〔１９９８〕）。なお、小林氏のいう「九カ月前に起こった信長による伊賀殲滅作戦」というのは、天正《てんしょう》９年（１５８２）に信長が敢行《かんこう》した伊賀（三重県西部）の討伐作戦・天正伊賀の乱を指す。この作戦では武士だけでなく、抵抗する領民は女、子供まで残らず斬られたので伊賀殲滅作戦と呼ばれるのである。

『本能寺の変捜査報告書』よりも前に小林氏は、信長の側近・長谷川秀一《ひでかず》が伊賀忍者に本能寺の警備が手薄であることを伝えた、とも主張している（小林久三「長谷川秀一　家康と共に岡崎へ逃げ帰った信長の近侍《きんじ》」『歴史法廷』〔ＶＯＬ・４〕平成６年〔１９９４〕）。光秀が本能寺の変の主犯ではないというこの小林氏の説は、徳川家康主犯、伊賀忍者実行犯説と呼ぶ（『別冊歴史読本』〔特集／完全検証信長襲殺〕平成６年７月号）。

以上のように、火坂氏と小林氏の両説は、信長は自刃したのではなく、伊賀忍者に暗殺されたとしている点が共通している。さらに、注目すべきは、火坂氏も、また小林氏も、信長が落命した場所が本能寺ではなく、洛北のどこかか、あるいは近江、伊賀ではないかと説いている点であろう。先に触れたとおり、火坂氏は、信長は明智方の重包囲を突破して若狭街道を近江めがけて逃走した。

山城《やましろ》（京都府南部）と近江の境である朽木越《くつきご》え（滋賀県高島市）をした可能性を指摘しつつも、

「若狭街道をひた走る落ち武者信長は、伊賀者の手で殺された。戦国最大の風雲児とうたわれた信長の遺骸は、いまも人知れず、洛北の山中深く眠っているのかもしれない」

と述べている。一方、信長が自力で本能寺を脱出したと説く火坂氏に対して、小林氏は特殊部隊によって信長が、

「おそらく切腹する前に取《と》り抑《おさ》えられたのではなかったか。取り抑さえたあと、彼らは信長に当て身を加えて意識不明にし、煙と焔《ほのお》に包まれた表御殿《おもてごてん》を脱《ぬ》け、寺の外へ出た。（中略）頃合いをみて、信長の身柄を伊賀まで運び、伊賀のどこかで人知れず処刑して、遺骸はさらされたかもしれない」

と続けている。両説とも、「信長は本能寺で死んでいない！」としつつも、変の直後に本能寺の外で命を奪われたとする点では共通している。

「歴史と文学を混同する」つもりは毛頭ないが、火坂氏は伊賀忍者・舞十蔵《まいじゅうぞう》が信長の暗殺を企てるというストーリーの小説『信長狩り』（平成10年）を発表している。この火坂氏の『信長狩り』は一度、改題の上で『伊賀の影法師＜悪党伝説2＞』（平成4年）として再刊された後、さらに加筆、改題の上で小説『伊賀の影法師　黄金の牙』（平成14年〔2002〕）として刊行された。この小説では――馬で本能寺を脱出した信長は花折峠《はなおれとうげ》、霊仙山《りょうぜんさん》付近の杣道《そまみち》（山道）で十蔵に捕捉《ほそく》され、自刃して谷底へ転がり落ちる――ところで筆が擱《お》かれている。花折峠は大津市にある峠で現在は国道

３６７号線のトンネルになっているが、旧道も現存する。一方、霊仙山というと東海道新幹線の車窓からみえる滋賀県米原《まいばら》市の霊峰《れいほう》が思い浮かぶが、ここでいう霊仙山は花折峠に近い大津市の山を指す。

なお、周知のとおり、火坂氏は平成21年（２００９）のＮＨＫ大河ドラマ『天地人』の原作者である。ただし、誠に残念ながら火坂氏、小林氏の主張する場所から信長の遺体、遺骨はみつかっていないし、信長の自刃場所、殺害場所の特定すらされていない。

◆信長は薩摩の島津家に抹殺された？

前項で触れたとおり、小林久三氏は『本能寺の変捜査報告書』（平成10年）などで伊賀の忍者を中心とする特殊部隊が信長を本能寺から連れ去り、伊賀で殺害したと主張しているが、小林氏はこれよりも先に別の可能性も指摘している。すなわち、『信長は生きていた　推理で挑む日本史の大ドンデン返し』（平成６年）において小林氏は、薩摩《さつま》（鹿児島県西部）の戦国大名・島津家関係の日記『上井覚兼日記《うわいかくけんにっき》』の本能寺の変前後の記述が欠けている点を指摘した。『上井覚兼日記』は島津家の重臣・上井覚兼が記した日記で天正《てんしょう》２年（１５７４）から同14年（１５８６）までのものが現存しているが、島津家の軍事行動や周辺の戦国大名の動向を知る上で欠くべからざる良質の古記録である。もっとも、小林氏が指摘するとおり、本能寺の変のあった同10年（１５８２）５月から

11月初旬までの約5か月間の日記が現存しないのも事実である。以上の点について小林氏は、覚兼が病気だったために執筆を中断したわけではなく、

「日記に書くのがはばかられるような、重大な出来事が藩の内部で起こっていたと考えざるを得ない」

と主張している。さらに、小林氏は、本能寺の変の際、

「信長は本能寺を脱出して、堺から薩摩へ入り、伊集院《いじゅういん》に匿われたのではなかったか」

とも主張している。右の記述のうち、藩は島津家の家中、伊集院（鹿児島県日置《ひおき》市）は隠居後の島津義弘《よしひろ》（義久《よしひさ》の弟）が住んだ場所である。なお、慶長《けいちょう》5年（１６００）の関ケ原の戦いで豊臣方に属した義弘は、あえて徳川方の大軍へ躍《おど》り込《こ》んで「九死に一生を得て」薩摩まで帰り着いた。また、豊臣方の副総帥《ふくそうすい》・宇喜多秀家《うきたひでいえ》も窮地を脱し、二年間、薩摩に潜伏している。小林氏は以上のような事例を紹介しつつ、

「信長は本能寺を脱出して、堺から薩摩へ入り、伊集院に匿われたのではなかったか」

と主張したわけである。ただし、薩摩へ逃れた信長のその後に関しては、

「脱出の際、手傷を負い、それがもとで死んだ」

とも主張している（小林久三『信長は生きていた　推理で挑む日本史の大ドンデン返し』）。なお、現在の鹿児島県には元和《げんな》元年（慶長《けいちょう》20年／１６１５）の大坂夏の陣で自刃、討死した豊臣秀頼《ひでより》、

真田信繁《さなだのぶしげ》（幸村《ゆきむら》）らがこの地に落ち延び、天寿をまっとうしたという伝承が残っているが、信長がこの地へ逃れたとする伝承は残っていない。無論、信長の墓碑や首塚なども、鹿児島県内には残っていないのである。

◆全国各地に残る信長の墓碑

明智光秀の墓碑が全国各地にあるのと同様に、織田信長の墓碑もまた全国各地に現存する。前項で触れたように、遺体がみつからなかったとされている人物（＝信長）の墓碑が全国各地あるのだから驚かされる。まず、通説では自刃した場所とされている本能寺は京都市中京区小川通蛸薬師《たこやくし》から同区寺町通御池《おいけ》下るへ移転しているが、現在の同寺の本堂裏手に信長や討死した家臣の墓碑がある。また、大徳寺《だいとくじ》の塔頭《たっちゅう》（境内の支院）・総見院《そうけんいん》（京都市北区）や、近江安土城《あづち》（滋賀県近江八幡市）に隣接して建立されていた摠見院《そうけんいん》、さらには総見院（愛知県清須市）や総見寺《そうけんじ》（名古屋市中区）にも信長の墓碑や廟所《びょうしょ》がある。

なお、総見院というのは信長の法名であるが、天正10年の山崎の戦いで勝利を収めた羽柴《はしば》（豊臣）秀吉は養子の羽柴秀勝《ひでかつ》（於次丸《おつぎまる》／信長の四男）を喪主《もしゅ》として、大徳寺で盛大な葬儀を行なった。その翌年、秀吉が塔頭として建立したのが京都市北区の総見院である。ちなみに、先年、総見院で正室・濃姫《のうひめ》（帰蝶《きちょう》）のものという墓碑がみつかり話題となった。

次に、総見寺は当初、尾張清洲《きよす》城（清須市）下へ創建され、名古屋城（中区）の築城に伴って現在地へ移転した。後に、総見寺の跡地へ総見院が建立されている。

ほかに、紀伊高野山《きいこうやさん》（和歌山県高野町）に子孫が建立した信長の供《く》養塔《ようとう》があり、出羽天童藩《でわてんどう》（山形県天童市）主・織田家の建立した建勲《たけいさお》神社（京都市北区）では信長を神として祀《まつ》っている。以上のように、全国各地にある信長の墓碑や廟所は、子孫や一族によって建立されたものが多い。

これに対して、京都を遠く離れた西山本門寺《ほんもんじ》（静岡県富士宮市）にある信長の首塚は、いささか趣《おもむ》きを異にする。伝えられるところによると、本能寺の変当時に京都で信長の最期に立ち会った原志摩守《しまのかみ》は、思うところあって父、兄、そして信長の首を郷里にあった西山本門寺へ運んで供養したという。一説に、志摩守が信長の最期に立ち会った場所は本能寺の外だったというから、「織田信

濃姫の銅像（愛知県清須市・清洲公園）

長は本能寺では死ななかった！」ことになる。そうであるとすれば、以上の話は前項で触れるべきであったかも知れない。

ただし、信長の遺体に関しては、遺体が当時は上京今出川大宮にあった阿弥陀寺《あみだじ》へ運ばれ、埋葬されたとみる研究者が多い。

これは比較的知られている話だが、もともと信長や光秀と親交のあった阿弥陀寺の住持《じゅうじ》（住職）・生誉清玉《しょうよせいぎょく》は、本能寺の変の勃発後《ぼっぱつご》、いち早く本能寺へ駆けつけた。その時、生誉清玉は本能寺付近の竹藪《たけやぶ》のなかで、自刃した信長の遺体を護る側近たちの姿をみつける。すぐさま、生誉清玉は生前の自身と信長との関係を側近らに告げ、遺体を引き取って供養したいと申し出た。これを聞いた側近らは生誉清玉に遺体を引き渡した後、打って出て見事な最期を遂げる。側近らが明智方と戦っている間、生誉清玉は遺体を荼毘《だび》（火葬）にし、法衣《ほうえ》に包んで阿弥陀寺へ持ち帰り、手厚く葬《ほうむ》った。『古老茶話《ころうちゃわ》』では信長が着ていた着衣の焼け残りがみつかったので、これを信長の証として埋葬したことになっている。

さらに、生誉清玉は光秀のもとへ出向き、本能寺にあった家臣の遺体なども収拾《しゅうしゅう》し、やはり阿弥陀へ寺手厚く葬ったとされている。以上の話は確度の高いものとみるべきであろう。

つまり、光秀がいくら家臣に探させても信長の遺体、遺骨がみつからなかったのは、生誉清玉が遺体を火葬し、阿弥陀寺に埋葬していたからということになる。天正13年（1858）、阿弥陀寺は現在地（同上京区）へ移転した。墓地には信長、信忠、森蘭丸ら三兄弟をはじめとする家臣の墓碑があり、また埋葬者の法名、俗名を記した『阿弥陀寺過去帳』や、信長、信忠、織田信広《のぶひろ》（信長の庶兄《しょけい》）の三人の見事な木像などの貴重な文化財も所蔵されている。それにしても、光秀は竹藪で竹槍の餌食となったと喧伝《けんでん》されているが、竹藪にあった信長の遺体が火葬されて手厚く埋葬されていたという点は興味深い。

◆安土城跡に出没する信長の亡霊

これは、不死伝説や埋蔵金伝説とは「似《に》て非《ひ》なる」話だが、

「近江安土城跡には、織田信長の亡霊が出没する！」

というオカルトめいた話が伝えられている。周知のとおり、信長が巨費を投じて築城した安土城は、山城《やまじろ》から平山城《ひらやまじろ》への過渡期の形式を持ち、五層七重の天守《てんしゅ》（天主閣）は後世の天守建築に多大な影響を与えた。また、天守の内部は絵師《えし》・狩野永徳《かのうえいとく》ら当代随一の名匠《めいしょう》の絵画、工芸品で埋め尽くされていたと伝えられている。そんな安土城も天正10年6月2日の本能寺の変の後に明智方に占領された。次いで、同13日の山崎の戦いで明智方が大敗を喫するや、今度は織田信雄《のぶかつ》（信長の次男）に占領されている。惜しいことに、天下の名城・安土城はこの前後の失火により、灰塵《かいじん》に帰してしまった。これより先、変の直後に織田方の蒲生賢秀《がもうかたひで》（氏郷《うじさと》の父）が城内にいた信長の妻妾を救出し

た、明智方が城内の金銀、財宝を家臣に分け与えた、などとする逸話も残っている。それでも、

「安土城跡のどこかに、織田信長の財宝が眠っているに違いない！」

と考える愚《おろ》か者《もの》はいるものである。いつの頃か、数人の浪人が安土城跡に小屋を建て、埋蔵金探しをはじめた。そんな矢先のある夜、突然、雄叫《おたけ》びが聞こえ、刀《かたな》を手にした大勢の武士が浪人たちに斬りかかってきた。やむなく、浪人たちが応戦して武士たちを斬ったが手応《てごた》えがなく、逆に武士たちに斬られても浪人たちが出血したり、死んだりすることもなかった。しかし、浪人らが闇雲《やみくも》に刀を振り回すうちに、同士討ちで命を落とす者が出た。そういった段階で、浪人らは白い立派な寝《ね》巻《まき》を着た武士が、槍を手にして向かってくる姿をみたという。無論、「斬ったが手応えがなく（中略）斬られても浪人たちが出血したり、死んだりすることもなかった」というあたりは、到底、実話とは思えない。

また、白い立派な寝巻を着て、槍を手にした武士といえば、本能寺の変で明智方を迎え撃った際の信長を連想してしまう。それ以降も、安土城跡では白い立派な寝巻を着て、槍を手にした武士が目撃されたというが、城跡で埋蔵金探しをする者たちはその武士を信長の亡霊として大いに恐れたという（南峻太郎「織田信長」『別冊歴史読本』平成８年〔１９９６〕４月）。なお、

「安土城跡やその周辺に、白い寝巻を着た信長の亡霊が出没する」

という話はほかの雑誌にも収録されている。さらに、

「安土城跡には白蛇《はくじゃ》が棲《す》んでいるが、それは本能寺で討死した森蘭丸の化身《けしん》である」という話もあるものの、少なくとも「現代人に害をなす」亡霊や白蛇ではないようである。

美少年・森蘭丸は生きていた！

◆俗書が説く光秀と蘭丸との確執

光秀が謀叛《むほん》を起こした理由、すなわち本能寺の変が勃発《ぼっぱつ》した理由は正直なところはっきりしないのだが、俗書《ぞくしょ》のなかには、美少年といわれている森蘭丸《らんまる》が実は邪《よこしま》な人物であったこと、蘭丸と光秀の間に確執があったことが本能寺の変につながったなどと書いてあるものもある。たとえば、ある時、信長が所有する財宝、名器を並べた上で、蘭丸に向かい、

「このなかの望みの品《しな》をその方《ほう》（＝蘭丸）に与える」

と口にしたことがあったという。しかし、蘭丸は、

「このなかに望みの品はありません」

と答えた。それならばと、信長は蘭丸に、

「その方が望む品を掌《てのひら》に書け。余《よ》（＝信長）

『本能寺焼討之図』中の森蘭丸（東京都立中央図書館所蔵）

もその方が望んでいると思う品を掌に書く」

と告げた。やがて、信長と蘭丸はそれぞれ掌に字を書き、それをみせ合ったが、両人の掌に同じ地名が書かれていた。このため、信長は、

「いずれその場所を与えるので、しばらく待て！」

と蘭丸を諭《さと》した。信長、蘭丸の掌に書かれていた同じ地名とは、近江坂本《おうみさかもと》（滋賀県大津市）だったと、と徳川家康関係の伝記、軍記である『改正三河後風土記《みかわごふどき》』に書いてある。

実は、蘭丸の父・森可成《よしなり》は近江宇佐山《うさやま》城（同市）主だったが、元亀《げんき》元年（永禄《えいろく》13年／1570）の志賀《しが》の陣で浅井《あざい》・朝倉方のために討死を遂げていた。可成の墓碑は宇佐山、坂本両城の城跡に近い聖聚来迎寺《しょうじゅらいこうじ》（同市）にある。蘭丸が父ゆかりの坂本城主となりたいと考えていたとしても不思議はないが、『改正三河後風土記』は以上の信長・蘭丸主従のやりとりを盗み見ていた光秀が「坂本を奪われる」と危機感を抱き、謀叛を起こしたと続けている。

次に、『石山退去録《たいきょろく》』などには、蘭丸が坂本を望んでいることを知った信長は光秀に、

「蘭丸をその方（＝光秀）の養子にせぬか？」

と迫った。しかし、光秀がこれを拒《こば》んだため、信長は光秀に無理難題を吹っかけ、自滅させようとした、と記されている。もっとも、石山戦争をテーマとしているはずの『石山退去録』には、明らかにフィクションと思われる記述が少なくない。たとえば、ある夜、光秀が本能寺に宿泊中の信

長に挨拶《あいさつ》をしようとしたところ、蘭丸が着衣が乱れたままというだらしない姿で出てきたたので、「堪忍袋《かんにんぶくろ》の緒《お》が切れて」謀叛に及んだ、などというくだりは明らかにフィクション、弄筆《ろうひつ》とみなしてよいであろう。

京都町奉行所与力《まちぶぎょうしょよりき》、俳人《はいじん》の神沢貞幹《かんざわていがん》の随筆《ずいひつ》『翁草《おきなくさ》』の「明智光秀逆心《ぎゃくしん》を起せし始《はじまり》の事」には、光秀が謀叛を起こした理由と思われるものを列挙している。そこには、ほかの重臣が居並ぶなか、信長が蘭丸に命じて鉄扇《てっせん》で光秀の頭を叩《たた》かせた。これを遺恨《いこん》に思った光秀が本能寺の変を起こした、とする説もあげられている。通常、扇《おうぎ》は竹や木を素材とした骨に、紙を素材とした地紙《じがみ》が貼《は》られているが、鉄扇は骨、地紙に当たる部分がすべて鉄である。小型とはいえすべて鉄でつくられた鉄扇で頭を叩かれたならば、夥《おびただ》しく出血したに違いない。鉄扇での打擲《ちょうちゃく》なる行為が実話とは思えないが、江戸時代に成立した俗書『絵本太閤記《たいこうき》』や、人形浄瑠璃《じょうるり》『時今也桔梗旗揚《ときはいまききょうのはたあげ》』には蘭丸が鉄扇で光秀を叩くシーンがある。やがて、それを見聞きした民衆は、打擲を歴史事実と思い込むにいたった。

次に、光秀と蘭丸との関係でいえば、作家・澤田ふじ子氏の『森蘭丸』では、蘭丸の生母が明智一族出身の女性とされており、濃姫《のうひめ》（帰蝶《きちょう》／斎藤道三《どうさん》の娘、信長の正室）と対面した蘭丸が、病死した生母を思い出す、というシーンすらある。少し補足説明すると、濃姫の生母は道三の正室・小見《おみ》の方《かた》（明智光綱《みちつな》〔光継《みちつぐ》〕の妹、光秀の叔母《おば》）なので、

「蘭丸の生母と、濃姫とは顔だちが似ている」

ということなのだろう。この点について、『森一族のすべて』（平成8年〔1996〕）の刊行後、筆者（川口）のもとへ読者の方から問い合わせが複数あった。ただし、蘭丸の生母を明智一族の女性とするのは、澤田氏の創作である。実際には、蘭丸の生母・妙向尼《みょうこうに》は森家の重臣・林通安《みちやす》（新右衛門《しんえもん》）の娘であるので、明智一族の女性などではない。ちなみに、妙向尼は熱心な浄土真宗の信徒《しんと》で、石山戦争を和睦に導いたという賢婦人である。

◆蘭丸は京都の柳之馬場で討死した！

信長が本能寺《ほんのうじ》（京都市中京区）の一室（おそらく納戸《なんど》）で自刃《じじん》しようとした矢先、明智方の安田作兵衛《さくべえ》（天野源右衛門《げんえもん》）が障子《しょうじ》を蹴破《けやぶ》って入ろうとした。これに対して、蘭丸は、

「森蘭丸を見知りたるか！」

と声をかけつつ作兵衛を阻《はば》み、蘭丸は刀《かたな》、作兵衛は槍を手に戦った。室鳩巣《むろきゅうそう》の『鳩巣小説』は障子を蹴破ろうとしたのは作兵衛ではなく四方天《しほうてん》某で、蘭丸は四方天某の槍に討たれた、と記されている。蘭丸の討死、もしくは自刃の様子については、ほかにも数多くの軍記、随筆、地理書に関連した記述がある。たとえば、熊沢淡庵《たくあん》の『武将感状記《かんじょうき》』では、作兵衛は一室に入っていった信長を追い、槍をつけた。作兵衛が信長に止《とど》めを刺そうとした刹那《せつな》、十文字《じゅうもんじ》槍を手にした蘭丸がこれを阻み、作兵衛を杉縁《すぎえん》から庭へ突き落とした。

さらに、蘭丸は十文字槍を持ちかえて作兵衛を突いたが、逆に穂先《ほさき》を摑《つか》まれ、作兵衛に刀で体軀《たいく》を刺し貫《つらぬ》かれた、という。これも、不死伝説というのとは「似《に》て非《ひ》なる」話だが、信長に槍をつけ、蘭丸を討ち取った作兵衛も直後に光秀が滅亡したことから、天野源右衛門と変名して後半生を歩むことを強《し》いられた。後、源右衛門こと作兵衛が肥前唐津《ひぜんからつ》藩（佐賀県唐津市）主・寺沢家に仕官《しかん》した関係で、墓碑は浄泰寺《じょうたいじ》（同市）にあり、作兵衛が当夜用いた槍も伝えられている（註＝現在、唐津城に展示中）。

討死後の首、遺体の行方に関しては『祖父物語』に、蘭丸ら十三人の側近の首が、本能寺の「門外門端ノ石ノ上《もんがいもんはた》」へ晒《さら》された、とある。また、先に触れた鳩巣の『鳩巣小説』には、光秀が馬上で首実検《くびじっけん》を行なった際の話として、

「誰だかわからない若年の武士の首が運ばれてきた。しかし、よく目を凝《こ》らしてみてみると、それが蘭丸の首だったので、光秀は大いに驚き、馬から落ちて尻餅《しりもち》を突いた」

という話が収録されている。無論、これなどは明らかにフィクションに違いない。

以上のように、蘭丸は天正《てんしょう》10年（１５８２）６月２日に討死したとされているのだが、羽柴《はしば》（豊臣）秀吉が２日以後も、蘭丸が生存していたかのように装《よそお》ったという説がある。よく知られているように、やがて本能寺の変発生を知った秀吉はその事実を伏せた上で備中《びっちゅう》高松城主・清水宗治《むねはる》を切腹させ、毛利方と講和した。さらに、秀吉は敵、味方を欺《あざむ》くべく、宗治の首を蘭丸、福富平左衛《ふくずみへいざえ》

門尉《もんのじょう》の両人宛に発送している（『川角太閤記《かわすみたいこうき》』）。平左衛門尉も信長の側近で、すでに二条御所で織田信忠《のぶただ》（信長の嫡子）と運命をともにしていた。

なお、「この種の偽装行為は実は光秀もやっていた」と『川角太閤記』に書いてある。それは、明智方が丹波《たんば》亀山城（京都府亀岡市）から本能寺へ進撃した時のこととされているが、『信長公記《しんちょうこう》《き》』では光秀が途中で行き先を変え、本能寺へ向けて進撃したかのように書かれているが、小瀬甫庵《おぜほあん》の『太閤記』では、

「中国へ打立《うちた》つ勢を信長公へ卒度御目《そつどおめ》にかけ候《そうら》はん（＝毛利方の討伐に向かう軍勢を少しだけでも、信長公のお目にかけたいと思う）」

となっている。そして、『川角太閤記』には、光秀は、

「信長公がわが軍の軍装《ぐんそう》を御《ご》覧になる。森のお乱《らん》からこの旨《むね》連絡があったので入京する」

と偽《いつわ》り、軍勢を本能寺へ向かわせた、と記されている。森のお乱とは蘭丸のことで、蘭丸は当時の文書には乱、お乱、乱法師《らんほうし》という名で登場することが多い。蘭丸は信長の側近中の側近だったから、蘭丸からの連絡と称して進軍を命じたり、蘭丸宛に首を送ったりすれば、誰もが本当の連絡だと信じるし、蘭丸が討死しているとは夢にも思わなかったのだろう。中国の『三国志演義《さんごくしえんぎ》』のなかに、司馬仲達《しばちゅうたつ》が病死したはずの諸葛孔明《しょかつこうめい》（註＝実は生き写しの人形）の出現に周章狼狽《しゅうしょうろうばい》したという話（「死せる孔明、生ける仲達を走らす」）があるが、討死後も蘭丸の名は、孔明の人形同様に

御利益《ごりやく》があったに違いない。

そういえば、江戸時代に執筆された美濃《みの》（岐阜県南部）の地誌（地理書）『美濃明細記《あいすいき》』は蘭丸が天正10年の本能寺の変で討死したとしながらも、討死した場所を京都の柳之馬場《やなぎのばんば》としている。柳之馬場は当時の本能寺からやや離れた場所に当たる。蘭丸が柳之馬場で討死したとする書物はほかにはないし、本能寺の変や山崎の戦いの際に柳之馬場で戦闘が繰り広げられたという事実もない。森蘭丸が京都・柳之馬場で討死したとする説は以上がすべてで、傍証《ぼうしょう》を得る術《すべ》すら見当たらないのが現状である。

◆志賀隈翁こと蘭丸は二百十歳まで生きた？

陸奥《むつ》仙台藩（仙台市）主・伊達《だて》家の領内の奇談、逸話を多く収録した『拾遺老人伝聞記《しゅういでんぶんき》』のなかに、蘭丸に関する驚くべき話が収録されている。それは、天明《てんめい》年間（1781～1788）の江戸の医師・志賀隈翁《くまおう》に触れた部分で、隈翁は一見したところ八十歳を超えた程度にしかみえないが、不思議なことに過去二百年間の出来事を詳細に記憶していた。

ある時、隈翁は周囲の者たちに向かい、

「これまでに口にしたことがないが、実は拙者《せっしゃ》は織田信長公の小姓《こしょう》・森蘭丸である。本能寺の変の後、明智光秀を討ち取るべく機会を狙っていたが、それが果たせぬうちに光秀は滅びてしまう。このため、拙者は生き長らえ、今日にいたった……」

と語り、衣服を脱いで本能寺の変で受けた傷なるものをみせた。この発言をした直後、隈翁は没した、というものである。通説では、蘭丸は永禄《えいろく》8年（1565）生まれとされているので、右の話を信じれば、隈翁こと蘭丸は数え年で二百十一歳から二百十七歳ということになる。過去にギネスが認定した世界最長寿の人物はフランス人の女性・ジャンヌ＝カルマンさん（1875〜1997）の満百二十二歳、日本最長寿は長野県の女性・田島ナビさん（1900〜2018）の満百十七歳である。このうち、最晩年の田島さんは、現存する世界最長寿の人物としてギネスで認定されていた。

つまり、医学が著しく進歩している現代でも、百十歳代の後半になると世界最長寿の人物ということになるのである。周知のとおり、生前の信長は、

「〽人間五十年　下天《げてん》のうちに　比《くら》ぶれば　夢幻《ゆめまぼろし》の　如《ごと》くなり」

という幸若舞《こうわかまい》『敦盛《あつもり》』の歌詞の一節を日頃から好み、折りに触れて舞っていた。医学が進歩しておらず、また「〽人間五十年」と謡《うた》われ、加えて合戦が多かった時代に生まれた人物が、二百十歳以上生きたなどという話は到底信じられるものではない。何よりも、『信長公記』の本能寺の変の箇所には、「御殿《ごてん》の内にて討死の衆《しゅう》」の冒頭に、

「森乱、森力《りき》、森坊《ぼう》兄弟三人」

と明記されている。蘭丸が本能寺で討死しなかったという点すら、否定するのが難しいのが実情である。ちなみに、江戸時代の随筆などのなかには、

「生まれたばかりの児《こ》が、過去の出来事を細大漏らさず語った」

といったたぐいの奇談が散見される。多くの場合、その児の周囲の者たちは、

「この児は誰かの生まれ変わりではないのか？」

と考えたようである。また、隈翁のように過去百年間、あるいはそれ以上の年月の出来事を細大漏らさず語る老人がいれば、

「この老人は百年以上生きているのではないか？」

と考えたようだが、いうまでもなく老人が細大漏らさず語った出来事は、書物を読んで知ったり、年長者から教えられて知ったりした可能性の方が高い。主君・信長や本能寺の変に関して知られていない事実を語ったわけでなく、外見が八十歳を超えた程度にしかみえないのであれば、

「実際の隈翁は八十歳を超えた程度の年齢でしかなかった」

と断定するのが妥当であろう。

◆全国にいる美少年・蘭丸の子孫

臨済宗《りんざいしゅう》の名刹《めいさつ》・南泉寺《なんせんじ》（東京都荒川区）にはかつて、「森蘭丸の灰塚《はいづか》」と呼ばれるものがあった。

ここでいう灰塚とは火葬した際の灰を収拾《しゅうしゅう》し、塚として祀《まつ》ったものを指す。四半世紀前、南泉寺の住職（当時）・釈大英《しゃくだいえい》師（故人）から伺ったお話によると、時折、

「森蘭丸さんのお墓にお参りさせてください」

という蘭丸ファンの女性が同寺を訪れるそうである。ただし、「森蘭丸の灰塚」というのは、天正10年にこの南泉寺で蘭丸が火葬にされたわけでも、蘭丸が京都で火葬された際の灰を集めて塚としたものでもない。一族である旗本・森家が南泉寺に塚を建立して蘭丸の供養《くよう》を行なったことにちなむ灰塚である。もっとも、森可政《よしまさ》（蘭丸らの叔父《おじ》）の子孫である旗本・森家の人物のなかに、蘭丸の御落胤《ごらくいん》がいるという説がある。その説は事実で、旗本・森家は自家の先祖である蘭丸を供養するべく、南泉寺に灰塚を建立したということであろうか。

ところで、江戸幕府が編纂《へんさん》した『寛政重修諸家譜《かんせいちょうしゅうしょかふ》』や、森忠政《ただまさ》（蘭丸らの弟）の子孫が編纂した『森家先代実録』をみても、蘭丸に正室がいた、子供がいたといった点は確認できない。しかし、全国には美少年・森蘭丸の子孫を称する家が複数ある。まず、埼玉県三郷《みさと》市には采女《うねめ》、采女新田《しんでん》という地名があるが、これらの地名は蘭丸の男子・森采女可春《よしはる》にちなむ。武蔵《むさし》（埼玉県、東京都）の地誌『新編武蔵風土記稿《ふどきこう》』によると、可春が開墾《かいこん》した地は采女、采女新田と呼ばれ、子孫は名主《なぬし》の職を世襲したとされている。以上の説に関して、『新編武蔵風土記稿』は懐疑的《かいぎてき》なコメントを添えているが、筆者（川口）は『森一族のすべて』（平成8年）を分担執筆する際の取材の段階で、

「森采女可春は蘭丸の子ではなく、実は蘭丸本人である」
という説を耳にした。これが事実ならば、京都の本能寺で討死しなかった蘭丸は、遠く離れた現在の三郷市へ移り住み、後半生を開墾に没頭したということであろうか。

次に、滋賀県高島市太田には、蘭丸の直系の子孫を称する森幸夫家がある。同家に伝わる史料などによると、本能寺の変当時、身籠《みご》もっていた正室は蘭丸の配慮で落ち延び、この地で男子・森甚《じん》右衛門可継《えもんよしつぐ》を産む。以来、子孫は甚右衛門の通称を世襲して存続したが、幸夫家の敷地には蘭丸ゆかりのお地蔵様《じぞうさま》がある。また、明治時代の森千里《せんり》翁（可信《よしのぶ》／幸夫氏の高祖父）は近江を代表する俳《はい》人《じん》として知られている（『増補高島郡誌』）。以上については、幸夫氏、一族で京都市上京区在住の森修一郎氏からお話を伺った。

また、福島県会津《あいづ》若松市の名家・森家も蘭丸の子孫で、市内の妙法寺《みょうほうじ》に蘭丸の男子・森宗兵衛定《そうべえさだ》英《ひで》らの墓碑がある。明治時代の子孫は銀行家として活躍したことで名高い。

さらに、蘭丸ではなく、蘭丸とともに本能寺で討死した弟・森坊丸《ぼうまる》についても、正室や子供がいたとされている。中村弥平太氏の『美作名門集《みまさかめいもんしゅう》』（明治43年〔１９１０〕）などによると、美作久米《くめ》郡神目《こうめ》村（岡山県久米南町）の森準平《じゅんぺい》家は坊丸の子孫である。森準平家の代々の当主は医師として地域に貢献したが、第一回岡山県会の議員を務めた当主もいる。

現在、準平氏の孫・森靖雄氏が兵庫県加古川市にお住まいだが、以前に靖雄氏の父である森正之《まさゆき》

氏（故人）から、森長可《ながよし》（蘭丸、忠政らの兄）の遺言状（日本歴史学会編『演習古文書選』（古代・中世編）所収）に登場する、

「おこう事《こと》、（中略）くすしのやうなる人に御《お》しつけ候《そうろう》へく候（＝おこうは薬師《くすし》（医者）に嫁がせよ）」

というくだりは、実は、

「坊丸の遺児であるおこうを『（武士ではなく）医者にせよ！』という意味である」

と、父や一族の方から教えられた、と伺ったことがある。

第4章　光秀は高僧・天海として生きていた！

繰り返し主張されてきた明智光秀＝天海説

◆比叡山の塔頭に残る「光秀」寄進の石灯籠

明智光秀の不死伝説の「動かぬ証拠」などとして喧伝《けんでん》されることが多いのが、比叡山《ひえいざん》（京都市東山区）にある石灯籠《いしどうろう》である。その石灯籠には、

「奉寄進　願主《がんしゅ》光秀　慶長《けいちょう》二十年二月十七日」

と刻まれているが、石灯籠はかつて長寿院《ちょうじゅいん》跡地に近い僧侶・慈忍《じにん》の墓碑の側にあったという。ただし、現在、石灯籠は拝観謝絶なので、問い合わせなどは控えるべきである。

また、叡山《えいざん》文庫の『横河堂舎各坊世譜《よかわどうしゃかくぼうせふ》』には、長寿院の二世法院《ほういん》（住職）・是春《ぜしゅん》について、

「初名《しょめい》光秀、依レ光芸《こうげいによって》薙髪《ちはつ》、（中略）元和《げんな》八年九月二十六逝《いく》（＝是春は初名を光秀といい、光芸に従って僧侶となり、元和8年〔1622〕9月26日に逝去した）」

と記されている。光芸は長寿院の初代院主なので、光秀なる人物は光芸の手で剃髪し、是春という僧名《そうめい》を与えられて僧侶になったことがわかる。石灯籠の刻字《こくじ》、『横河堂舎各坊世譜』の記述には光秀の出家前の姓が明記されていない。いうまでもなく、天台《てんだい》宗の総本山・比叡山は高僧・天海《てんかい》が修行した場所であり、徳川家康の命で復興に尽力した場所でもある。以上の理由により、

「明智光秀は天海の助力を得て長寿院へ入った」

「いや、長寿院に入った光秀こそ、後の天海である」

などという説が生まれた。便宜上《べんぎじょう》、この項に限って、明智光秀を武将の光秀、長寿院二世院主の光秀を僧侶の光秀と表現することにする。

さて、明智光秀＝天海説の信奉者《しんぽうしゃ》のなかには、

「信長の焼討《やきうち》に最後まで反対したので、比叡山は武将の光秀を匿《かくま》ったのである」

「武将の光秀の『光秀』という署名と、石灯籠に刻まれた『光秀』という署名とが酷似《こくじ》している」

などと主張する方もいる。なお、武将の光秀が最後まで焼討に反対したという点には近年、否定的な主張が多い。次に、書籍などに掲載されている石灯籠の拓本《たくほん》などをみる限りでは、武将の光秀の署名と石灯籠の刻字とは「似ていないこともない」ように思う。

この説に従えば、武将の光秀は比叡山の長寿院で僧侶として生き、元和８年に示寂《じじゃく》した（没した）ことになる。また、やはり、明智光秀＝天海説の信奉者のなかには、

「実は僧侶の光秀は元和８年に示寂しておらず、以後も生き延びて天海として活躍した」

と主張する方もいる。ここでいう僧侶の光秀は、武将の光秀の後身なのだろう。

ただし、家康が覇権《はけん》を掌握《しょうあく》する慶長《けいちょう》年間（１５９６～１６１４）の半《なか》ばあたりから、天海は活動を活発化させていた。特に、元和２年（１６１６）に家康が病死するや、翌年にはその遺体の改葬《かいそう》を主張するなどして存在感を示していた。このため、歴史研究者などの間では石灯籠の刻字、

『横河堂舎各坊世譜』の記述に注目しつつも、武将の光秀、もしくは僧侶の光秀が天海になったという説に否定的な方が多いのである。

◆天台宗の高僧・天海の出自と生涯

明智光秀＝天海説はひとまず脇に置くこととして、ここでは通説に従って僧侶・天海の生涯を紹介したいと思う。天海の生年には諸説があるが、もっとも有力な説では天文《てんぶん》5年（1536）生まれとされている。出生地は陸奥《むつ》高田（福島県会津《あいづ》高田町）で、天海ゆかりの寺院の縁起《えんぎ》には出自を陸奥南部（福島県）の戦国大名・蘆名《あしな》家の一族としている。一説に、父は船木景光《ふなきかげみつ》で、母は蘆名家の姫《ひめ》であるというが、領民の子とする説から、室町《むろまち》幕府の第十一代将軍・足利義澄《よしずみ》の御落胤《ごらくいん》とする説まである。出家して当初は随風《ずいふう》と名乗った天海は、天台宗の総本山・比叡山（京都市東山区）で天台学を学び、さらに園城寺《おんじょうじ》（三井寺《みいでら》／滋賀県大津市）や南都《なんと》（奈良県奈良市）の諸寺で密教《みっきょう》、禅宗などの修行を重ねた。元亀《げんき》元年（永禄《えいろく》13年／1570）、織田信長による比叡山焼討の後は、一時、甲斐《かい》（山梨県）の戦国大名・武田信玄のもとへ赴《おもむ》いて天台学を説いた。余談ながら、永禄4年（1561）の第四次川中島の戦いを描いた紀州本《きしゅうぼん》『川中島合戦図屏風《びょうぶ》』には、甲冑《かっちゅう》を着て従軍する天海の姿も認められるが、天海が甲斐へ赴いたのが焼討の後であるとすると、年代的に矛《む》盾《じゅん》することになる。

次いで、天正《てんしょう》10年（１５８２）の武田家滅亡を経て、同19年（１５９１）に常陸《ひたち》江戸崎（茨城県稲敷市《いなしきし》）の不動院住持《ふどういんじゅうじ》（住職）となり、慶長4年（１５９９）には武蔵《むさし》川越（埼玉県川越市）の喜多院《きたいん》住職となった。徳川家康の知遇を得たのはこの頃とされ、家康の覇権掌握、同8年（１６０３）の江戸幕府の開設以後はブレーンとして江戸幕府の基礎固めに貢献する。

また、家康の命で比叡山の南光坊《なんこうぼう》に入って復興に貢献し、後に第三代将軍・徳川家光《いえみつ》の支援を得て根本中堂《こんぽんちゅうどう》、大講堂の再建を実現させた。さらに、元和《げんな》2年（１６１６）に家康が病没するや、仏教と神道《しんとう》を融合した山王一実神道《さんのういちじつ》の立場から遺骸《いがい》の下野《しもつけ》日光（栃木県日光市）への改葬を主導する。また、朝廷からの東照大権現《とうしょうだいごんげん》号の勅許《ちょっきょ》（註＝天皇の許し）を実現させ、日光の輪王寺《りんのうじ》、日光東照宮《とうしょうぐう》の建立もまた主導した。

以後、第二代将軍・徳川秀忠《ひでただ》、第三代将軍・家光《いえみつ》にも重用され、寛永《かんえい》2年（１６２５）には家光に乞《こ》うて江戸城（東京都千代田区）の鬼門《きもん》（艮《うしとら》＝北東）に当たる忍岡《しのぶおか》の地に寛永寺《かんえいじ》（東叡山《とうえいざん》／同台東区）の建立を実現させた。そんな天海は同20年（１６４３）に示寂（死去）し、輪王寺慈眼堂《じげんどう》の廟堂《びょうどう》に葬られている。この場所は家康、家光の廟に近い。ちなみに、示寂した時の年齢（数え年）は百八歳説が有力だが、百三十四歳説、百三十五歳説などもある。

どの説に軍配をあげるべきか迷うが、天海は最晩年になっても気力が衰えることはなかったらしく、木彫《きぼり》の活字をつくらせて、仏教の経典『大蔵経《だいぞうきょう》』（六千三百二十三巻）の刊行を行なっているほどである。慶安《けいあん》元年（正保《しょうほう》5年／1648）に朝廷から慈眼大師の諡《おくりな》を贈られ、天台宗では慈恵《じけい》大師（元三《がんざん》、良源《りょうげん》）とともに両大師《りょうだいし》として信仰されるにいたった。

江戸時代中期の随筆『新著聞集《しんちょもんじゅう》』には、天海示寂後の天和《てんな》3年（1683）の出来事として、次のような説話が収録されている。

この年、寛永寺の等覚院《とうかくいん》に両大師の木像が安置されたが、いいかげんな住職は両大師の像を敬《うやま》わない。そんな矢先、住職の召使が慈眼大師（天海）の霊に取《と》り憑《つ》かれて、

「住職が元三大師を粗略《そりゃく》に扱っている。また、未熟な小僧が占《うらな》いをしている。元三大師は何も仰《おっしゃ》らないが、自分（天海）は黙《だま》ってはいられない。このままでは信仰が疎《おろそ》かになる」

と口にしたので、住職らは恐《おそ》れ慄《おのの》き、それまでの行動を悔《く》い改めた、という。以上の逸話は示寂した天海の魂が長く生き続けていたかのようで、大変含蓄《がんちく》のある説話だと思う。

◆出自や前半生を語ろうとしなかった天海

天海の経歴は前項で触れたとおりなのだが、それでも、

「天海の出自や前半生には不明な点が多い」

となどとする主張が「まかり通っている」のは、

「天海が自身の出自や前半生を語ろうとしなかったからだ！」

という見方がある。この主張の論拠は、天海の伝記である『東叡山開山慈眼大師縁起《かいざんえんぎ》』の記述である。なお、東叡山は寛永寺の山号を、開山は寺院を創建した僧侶を、慈眼大師の大師号は天海のことで、縁起はここでは寺院や神社の由来を指す。

天海の示寂（病没）後に執筆された『東叡山開山慈眼大師縁起』には、天海に関する次のような逸話が収録されている。

ある時、弟子の僧侶たちが天海の出自を問うたのに対して天海は、

「生まれた年、場所、自身の俗名《ぞくみょう》を忘れてしまった。拙僧《せっそう》は仏門に入った身である。弟子の身にあるものが拙僧の俗人だったころのことを知って、何の意味があるというのだ？」

と口にしつつ、弟子たちを諭《さと》したという。なお、豊臣秀吉らのブレーンだった安国寺恵瓊《あんこくじえけい》は安芸《あき》（広島県西部）の守護《しゅご》大名・武田信重《のぶしげ》の遺児か一族で、徳川家康のブレーンで天海と交流があった以心崇伝《いしんすうでん》は室町幕府の幕臣・一色秀勝《いっしきひでかつ》の次男であった。当時は、

「一子《いっし》出家すれば九族《きゅうぞく》が成仏《じょうぶつ》する」

と信じられていた。九族とは自身を含めて先祖四代、子孫四代のことである。ほかにも、戦国時代、安土桃山《あづちももやま》時代の高僧で、ひとかどの武将の子は数多い。前項で触れたとおり、天海の生母を蘆名家の姫とする説や、天海を第十一代将軍・足利義澄の御落胤とする説まである。弟子たちはそのあたりや、前半生の自慢話を聞きたいと思っていたのだろう。どれだけ事実を伝えているのかは保

証の限りではないが、前節で触れたように紀州本『川中島合戦図屏風』には甲冑を着た天海の姿も描かれているし、天正17年（1589）の蘆名《あしな》家滅亡の際には当主・蘆名義広《よしひろ》の窮地を救ったとする逸話が江戸幕府の正史《せいし》『徳川実紀《じっき》』にみえる。

あるいは、天海は仏門に入った身で戦場を疾駆《しっく》した点を大いに恥じ、出自、前半生を「頑《がん》として」語ろうとしなかった可能性も指摘できよう。

以上のうち、「戦場を疾駆した」という件に関連して述べるならば、現在、大阪城天守閣（大阪市中央区）には天海が着用したという甲冑が所蔵されている。

もっとも、大名家の女性が着用した火事装束《しょうぞく》があるからといって、奥方《おくがた》や姫が火事装束を着込んで消火活動を行なったわけではない。法衣《ほうえ》だけで戦場へ赴くのは危険極まりないので、天海が護身用の甲冑を持っていたとしても不思議ではないであろう。

話題をもとに戻すが、案に相違して天海は出自、前半生について語らないばかりか、聞き出そうとした側を諭したというのだから、弟子たちも相当ばつが悪かったに違いない。

やがて、右の逸話を伝え聞いた者のなかに、

「天海が自身の出自、前半生を語ろうとしないのは、何か公言をはばかる事実があるからではないか？」

と考える者もいたに違いない。また、明治維新以降、右の記述を明智光秀＝天海説とを結び付け

て論じる学者、文筆家が登場するわけである。

◆天海と徳川家康は旧知の間柄か？

そんな天海が江戸幕府の初代将軍となる徳川家康の知遇を得たのは、天正19年（1591）に常陸江戸崎の不動院住持（住職）となり、さらに慶長4年（1599）に川越の喜多院住職となって以降と推測される。周知のとおり、家康は天正18年（1590）の小田原《おだわら》征伐の後、豊臣秀吉の命により関東へ入国した。一説に、家康と天海とは初対面であるにも拘《かか》わらず、まるで「旧知の間柄」であるかのように長時間話し込んだという。ただし、現代でも考え方や仕事、あるいは趣味が同じであるかのように長時間話し込むことがある。ゆえに、

「家康と天海とはまるで『旧知の間柄』であるかのように長時間話し込んだ。天海の前身は明智光秀で、家康は光秀が生き延びるのに手を貸したに違いない」

とまでいうのは、論拠に欠ける飛躍、まったくの暴論というべきであろう。また、

「家康の三男・長松《ちょうまつ》が元服する際、天海こと光秀は自身の諱《いみな》（実名）の一字を織《お》り込《こ》んだ秀忠《ひでただ》を提案した」

という説も耳にしたが、これもまた論拠に欠ける飛躍、まったくの暴論というほかはない。第二代将軍となる徳川秀忠は少年時代、天下人・秀吉の膝下《しっか》で起居していた。秀吉の実子の豊臣秀頼《ひでより》、

弟の同秀長《ひでなが》、養子の羽柴秀勝《はしばひでかつ》（於次丸《おつぎまる》）、豊臣秀次《ひでつぐ》、同秀勝（小吉）、結城秀康《ゆうきひでやす》（家康の次男、秀忠の兄）、宇喜多秀家《うきたひでいえ》、小早川秀秋《ひであき》などと同様に、秀忠の「秀」は秀吉から諱の一字を与えられた偏《へん》諱《き》とみるべきである。

次に、春日局《かすがのつぼね》（斎藤利三《としみつ》の娘）が徳川家光（秀忠の嫡子）の乳母《うば》となる際に、「天海こと光秀は、自身の重臣の遺児である春日局を家康・秀忠父子に推薦《すいせん》した」という点も、明智光秀＝天海説の論拠とされることが多い。ただし、天海が春日局を乳母に推したという点は確認できないし、江戸幕府の宗教行政に重きをなした天海と、大奥の実権を握った春日局とが特に親しい間柄であったという点も確認できない。

たとえば、光秀の重臣の遺族である春日局が乳母に登用されたのは、春日局が出産や育児の経験が豊富であったこと、礼儀作法に長《た》けていたこと、そして稲葉正成《まさなり》の継室《けいしつ》（後妻）だったことが理由であろう。正成の正室は名将・稲葉一鉄《いってつ》の孫娘で、正成自身は慶長5年（1600）の関ケ原の戦いの際に小早川秀秋の重臣だった。

つまりは、明智光秀＝天海説の論拠、徴証《ちょうしょう》とされることが多い以上の諸説（家康と旧知の間柄だった、秀忠の命名に関わった、春日局の乳母就任に関与した）は、残念ながらすべてが史実（歴史事実）ではないのである。

◆光秀ゆかりの丹波周山の寺院と天海

次に、明智光秀＝天海説の論拠とされることが多いのが、光秀ゆかりの丹波周山《たんばしゅうさん》（京都市右京区）にある慈眼寺《じげんじ》である。平成17年（２００５）に京都府京北《けいほく》町から右京区へ編入された周山の地は、天正３年（１５７５）からの丹波攻略作戦で光秀が拠点としたことがあった。

なお、古代中国の武王《ぶおう》は殷《いん》を倒して新王朝・周《しゅう》を樹立した。この故事に関連して、光秀が周にちなんだ周山を拠点としたことをもって「早くから謀叛《むほん》を計画していた」と主張する説があるが、この説などは明らかに後世の付会に違いない。

ともあれ、周山の慈眼寺に光秀の「主一院殿前白州明叟玄智大居士神儀《しゅいついんでんさきのはくしゅうめいそうげんちだいこじしんぎ》」と記された位牌《いはい》と、木像とが安置されており、供養《くよう》、顕彰行事が続けられている。いかなる理由か、木像は現在までに黒く塗られており、両方の眼が鋭い目つきの像となった。

その慈眼寺に「小栗栖《おぐるす》で自刃したはずの光秀が身を寄せた」などという話は残っていないようだが、天海の諡号《しごう》は慈眼《じげん》大師である。このため、慈眼寺の寺号《じごう》が明智光秀＝天海説の論拠の一つとされるにいたったのである。

なお、慈眼大師の慈眼は「じげん」とも、「じがん」とも読むが、慈眼は仏教の言葉である。『広辞苑』では慈眼の項に、「衆生《しゅじょう》を慈悲《じひ》の心で見る仏・菩薩《ぼさつ》の眼《め》」と記されている。天海の眼差《まなざ》しが衆生、すなわち命あるものを慈悲の心でみる仏、菩薩のそれを思わせるものだったことが、この慈眼大師という諡号の由来であろう。現在、天海が復興や創建に足跡を残した京都の比叡山に慈眼大師こと天海を祀る慈眼堂がある。ちなみに、天海を祀る寛永寺の開山堂は慈眼堂ともいうが、後に良源《りょうげん》（慈恵《じけい》大師）の木像が開山堂へ移されたことにちなみ、現在までに両大師《りょうだいし》と呼ばれて信仰されてきた。

ただし、慈眼という言葉は仏教の世界、美術史の世界で仏の教えや、仏像などを解説する際に広く用いられており、慈眼という言葉は天海固有のキーワードというわけではない。

ゆえに、光秀ゆかりの周山にある寺院の寺号（寺の名）が慈眼寺だからといって、明智光秀＝天海説の論拠とすべきではないと思う。現在、（先に触れた慈眼堂、開山堂のほかに）わが国には慈眼寺という寺号の寺院が五十近くあるが、周山の慈眼寺以外には光秀ゆかりの寺院はないし、明智光秀＝天海説を伝えている寺院もないのである。何よりも、天海は天台宗の僧侶だが、周山の慈眼寺の宗派は曹洞宗《そうとうしゅう》である。また、現在は慈眼寺に祀られている光秀の木像は、明治時代半ばに臨済《りんざい》宗《しゅう》の観音寺《かんのんじ》（右京区）から移されたものであるという。つまり、本来は慈眼寺と、光秀の木像とは関わりがないことになる。

◆川越や日光に残る光秀＝天海説の徴証？

明智光秀＝天海説の論拠、徴証が武蔵《むさし》川越（埼玉県川越市）、下野《しもつけ》日光（栃木県日光市）に残っているという主張もある。まず、江戸時代には主に譜代《ふだい》大名が藩主を務めた川越の城下町に、徳川将軍家や天海、春日局ゆかりの喜多院がある。江戸時代初期の川越大火後、徳川将軍家や天海の尽力で喜多院が再興された。江戸城内にあった「将軍・徳川家光誕生の間」などが移築された点が比較的よく知られているが、喜多院の山門《さんもん》の施工は光秀とゆかりの深い近江《おうみ》坂本（滋賀県大津市）の宮大工《みやだいく》が担当したと伝えられている。

　次に、家康を祀る日光東照宮の陽明門《ようめいもん》には、一対の随身《ずいじん》（貴人を警護する武士）の像が安置されている。この一対の随身像に、

「夥《おびただ》しい数の光秀の家紋である『桔梗《ききょう》』紋があしらわれている」

　という点が、以前から繰り返し指摘されてきた。久能山《くのうざん》から日光への家康の遺骸の改葬《かいそう》を主導した天海は、輪王寺《りんのうじ》や日光東照宮《とうしょうぐう》の建立に際しても重きをなした。だから、

「天海は実は光秀だからこそ、自身の家紋を随身の像にあしらったのだ！」

　というわけである。ただし、随身の像にあしらわれているのは「桔梗」紋ではない。遠目《とおめ》ではよく見えないかもしれないが、双眼鏡を使って凝視したり、ビデオカメラやデジカメ、スマホで撮影して拡大するとよくわかるが、随身の像にあしらわれているのは「唐花《からはな》」である。したがって、天海が「自身の家紋を随身の像にあしらったのだ！」という主張はまったくの「的外《まとはず》れ」といえよう。

　さらに、この点はこれまでに何度か触れたが、日光には明智平《あけちだいら》という風光明媚《めいび》な観光スポットが

ある。この明智平という地名に関しても、やはり、

「天海は実は光秀だからこそ、自身の姓である明智を日光の地に命名した」

などととり沙汰されている。ただし、明智平という地名の命名者が天海だという確証はない。おそらく、明智平の明智というのは「新しく切り開いた土地」に由来する地名で、日光の当該の場所は平坦なので明智平と命名されたのであろう。風光明媚な明智平は大変広大な場所だが、ここに天海こと光秀、あるいはその旧臣が移り住んだなどという伝承は皆無である。それでも、

「明智平には天海こと光秀ゆかりの埋蔵金がある」

と信じて疑わない方がいるが、そのあたりについては第6章の「光秀＝天海の埋蔵金は実在する！」で詳しく触れたいと思う。

◆光秀＝天海説は近現代になって主張された？

前後したが、明智光秀＝天海説というのは、江戸時代から学者や文人の間でとり沙汰されていたわけでない。たとえば、『古事類苑《こじるいえん》』や『群書索引《ぐんしょ》』を隈《くま》なく調べても、また『日本随筆索引』などを使って江戸時代の随筆、軍記類を調べてみても、明智光秀＝天海説に関する江戸時代の学者、文人の著作は見当たらない。意外にも、学者の著作でほぼ最初に明智光秀＝天海説に触れているのは、須藤光暉《こうき》師の『大僧正天海』（大正5年〔1916〕）である。

同書において須藤師は、

「輓近《ばんきん》一部の考証家に於《お》いて、天海は明智光秀の後身なり。光秀山崎の一戦に敗れ、巧みに韜晦隠匿《とうかいいんとく》して、出家して僧となり、徳川家康に昵近《じっこん》して、深く其帷幕《そのいばく》に参《さん》し、以《もっ》て豊臣氏を亡滅《ぼうめつ》し、私《ひそ》かに当年の怨《うらみ》を報《むく》ひたるといふ奇説を唱道《しょうどう》する者ありと聞く」

と述べている。以上のうち、輓近は最近で、韜晦隠匿以下はおおまかには、

「身を隠し、出家して僧となり、徳川家康の知遇を得てその陣営に参画し、豊臣家を滅ぼして積年の怨《うら》みを晴らした、などという奇説を主張する者があると聞いた」

といった意味となる。ただし、国立国会図書館などへ行き、かなり時間をかけて調べてみたが、大正5年当時の「一部の考証家の奇説」なるものは発見できなかった。

次に、かなり踏み込んで明智光秀＝天海説に触れたものには、藤井尚治氏の『国史異論奇説新学説考』（昭和12年〔１９３７〕）がある。この『国史異論奇説新学説考』において藤井氏は、①光秀と天海がほぼ同年齢である点、②比叡山に「光秀」と刻まれた石灯籠がある点、③光秀と家康が特に仲が良かった点、④光秀が織田信長による恵林寺《えりんじ》（山梨県甲州市）の焼討《やきうち》に反対したとされている点、⑤天海の前半生が判然としない点、⑥天海が江戸城内で軍略を講じたとされている点、などを列挙するなどして明智光秀＝天海説を紹介している。ただし、国史（日本史）上の異論、奇説、新学説の紹介にウエイトを置いて執筆しているからか、同書で藤井氏は明智光秀＝天海説を肯定

も、否定もしていないように思う。

ちなみに、筆者（川口）の恩師である法政大学名誉教授・村上直《ただし》博士は論文「東照大権現《とうしょうだいごんげん》の成立」（『権現信仰』に収録）を世に問うたという徳川家康、天海研究のプロパーであった。村上博士から伺ったところによると、平成時代のはじめ頃、週刊誌の記者、テレビのディレクターなどから再三、「天海について教えてください」といったたぐいの電話連絡があったが、その大半は明智光秀＝天海説の当否を問うものだったという。当否はともかく、「天海の前半生が判然としない」というのは事実でない。ディレクターや記者らの言動に村上博士があきれておられたのを、筆者は昨日のことのように記憶している。

第5章　光秀は畿内や美濃山中で生きていた！

近畿各地に残る光秀の不死伝説

◆光秀は天正11年に病死した？

明智光秀が山崎の戦いで大敗を喫した天正《てんしょう》10年（1582）6月13日に自刃《じじん》したのではなく、翌年（同11年／1583）の6月14日に没したとする説もある。小栗栖《おぐりす》（京都市伏見区）で竹槍の餌食《えじき》とならなかったのであるとすれば、この説も不死伝説の範疇《はんちゅう》に入れてもよいであろう。ともあれ、光秀が天正11年6月14日に没したとする説は、川上孤山《こざん》師の『妙心寺史《みょうしんじし》』に詳しい。それによると、本能寺の変を起こした光秀は天正10年6月2日夕方、軍勢を連れて妙心寺（京都市右京区）へきて、

「多年の宿怨一朝《しゅくえんいっちょう》に晴れ、今は心置くこともなければ（＝織田信長を倒したことで積年の怨《うら》みが一瞬にして晴れた。今は思い残すこともない）」

として自刃を公言し、辞世の漢詩を自書した。その様子を認めた大峯院《だいほういん》の禅僧・慈沢《じたく》は大いに驚き、重臣の明智秀満《ひでみつ》（三宅弥平次《やへいじ》）らに告げて、光秀の自刃を思い止まらせた。自刃を止めてくれた点に感謝したのであろうか。光秀は妙心寺に祠堂金《しどうきん》（布施《ふせ》）を寄付したが、同13日の山崎の戦いで敗れてしまう……。後に、妙心寺では光秀の菩提《ぼだい》を弔うべく十三回忌などが行なわれたが、留意すべきは妙心寺の日誌『日単簿《にったんぼ》』に記されている光秀の命日や十三回忌が行なわれた日にちであろ

う。『妙心寺史』に掲載されているところによると、光秀の没後、妙心寺で葬儀などが行なわれたか否かは不明であるという。

しかし、光秀の十三回忌は文禄《ぶんろく》3年（1594）6月14日に行なわれ、その費用として米一石《こく》五斗《と》が支出されている。その時のことに関して『日単簿』には、

「明智日向守《にゅうがのかみ》光秀法名明叟玄智《めいそうげんち》、天正十一年六月十四日死、十三回忌当文禄四年」

と記されているという。いうまでもなく、光秀が小栗栖で自刃したとされているのは通説では同10年6月13日夜である。仮に、体軀《たいく》に竹槍を受けた光秀が未明か、日の出後に自刃したとしても、自刃した日にちは同10年6月14日であるはずである。ところが、『日単簿』に「天正十一年六月十四日死」とあるというのである。

以上の驚くべき記述について川上師は、

「是《こ》れが事実とすれば、其の一年の間、光秀は何処《どこ》に潜《ひそ》み奈何《いか》なることをなしてゐ《い》たかと云《い》ふ問題が起つて来るのであるが、是等《これら》の点に就《つ》いては識者の研究に委《い》する外はない」

と述べている。やがて、右の記述などから、

「小栗栖で体軀に竹槍を受けた光秀は妙心寺に匿《かくま》われていたが、古傷が原因で1年後の天正11年6月14日に死んだ」

という憶説《おくせつ》が吹聴《ふいちょう》されるにいたった。古来より、わが国の寺院には、

「助けを求めてやってきた者は可能な限り保護する」

という素晴らしい習慣がある。それと同様に、妙心寺の禅僧たちは山崎の戦いで敗れた光秀を、山内で秘かに匿ったということであろうか。

◆光秀の重臣には生死不明の人物が多い？

これまで触れたとおり、光秀には不死伝説が複数残っているが、重臣のなかにも生死不明の人物が多い。『原本信長記』では、本能寺の変の直前、光秀が重臣である明智秀満（三宅弥平次）、斎藤利三《としみつ》（春日局《かすがのつぼね》の父）、明智光忠《みつただ》、藤田伝五《でんご》、溝尾勝兵衛《しょうべえ》（庄兵衛／三沢昌兵衛）の五人に謀叛《むほん》を相談したことになっている。

通説では、秀満と光忠は坂本城で自刃し、山崎の戦いで深手《ふかて》を負った伝五も自刃したとされているが、最近、RPG『鬼武者《おにむしゃ》』シリーズの主人公・明智左馬介《さまのすけ》として大人気の秀満にも不死伝説がある。その不死伝説では秀満は自刃しておらず、坂本城跡に近い盛安寺《せいあんじ》（滋賀県大津市）で僧衣《そうい》に着替えたという。また、

「天台宗《てんだいしゅう》の高僧・天海の前身は明智光秀ではなく明智秀満である」

「生き延びた光秀と秀満の二人が天海になりすました」

などとする異説も取り沙汰されている。

　さらに、山崎の戦い以後の行動に複数の説が伝えられているのが、通説では小栗栖で光秀を介錯《かいしゃく》し、その首を泥田《どろた》に埋《う》めたとされている溝尾勝兵衛である。勝兵衛に関しては、①光秀の首を泥田に埋めた後にそこで自刃した、②坂本城で自刃した、③羽柴《はしば》方の追及を受けて自刃した、④追及を躱《かわ》して生き延びた、などの諸説が伝えられている。常識で考えても、主君の首を泥田に埋めたまま自刃したとは思えないが、羽柴方の追及を躱して生き延びたとも思えない。以上の理由により、研究者の間では、

「溝尾勝兵衛は明智光秀討死の証人となる資格がない」

などという主張がなされているのである。ちなみに、勝兵衛の子孫は山田姓を名乗り、陸奥《むつ》二本松藩（福島県二本松市）主・丹羽《にわ》家の家臣として存続したという。

　これは不死伝説ではないが、利三は山崎の戦いの敗戦後、近江堅田《おうみかたた》（滋賀県大津市）に逃れた。それにしても、主君を見捨てて逃げたというのは、忠臣の利三とは思えない軽率な行動である。堅田で味方であるはずの猪飼野昇貞《いかいののぶさだ》に裏切られて捕縛《ほばく》された点も含めて、利三の逃走は光秀を落ち延びさせるための陽動《ようどう》作戦ではなかったかと思われてならない。結局、利三は秀吉の命で斬られ、首は六条河原、もしくは本能寺に晒《さら》された。後に、親交のあった絵師《えし》・海北友松《かいほうゆうしょう》が首を奪い、真正《しんしょう》極楽寺《ごくらくじ》（京都市左京区）へ埋葬《まいそう》している。

　以上の五人の重臣ほどは有名でないが、丹波《たんば》（京都府中部）の武将で光秀の家臣となっていた

並河掃部介《なみかわかもんのすけ》にも不死伝説が残っている。通説では、掃部介は山崎の戦いで羽柴方の堀秀政《ひでまさ》らと激闘を演じた挙《あ》げ句《く》、討死を遂げたとされている。

けれども、実は掃部介は山崎の戦いで討死しておらず、生き延びて秀吉の家臣となった、明智掃部を称して茶会に出席した、などという不死伝説がある。

さらに、山崎の戦いの最終盤、轡《くつわ》を握って光秀に戦場離脱を勧めた比田帯刀《ひたたてわき》（則家《のりいえ》）についても、敗戦後の行動に関して複数の説がある。通説では帯刀は小栗栖で光秀に殉死《じゅんし》したとされているが、落ち武者狩りの餌食になった、窮地を脱して生き延びたなどとする異説がとり沙汰されている。

ともあれ、以上のように通説では自刃、討死したことになっている光秀の家臣のなかに、不死伝説が残っている人物が複数いる。やはり、ここは、

「明智光秀は小栗栖で竹槍の餌食になった」

という通説からして、疑ってかかる方が賢明ではないかと思われる。

◆明智光秀＝千利休説はあり得ない！

光秀が高僧・天海《てんかい》になったという説のほかに、茶人《ちゃじん》・千利休《せんのりきゅう》になったが豊臣秀吉にその事実を見破られ、自刃を命じられたなどという奇説がある。この説は実業家・小林一三《いちぞう》氏がある随筆で触れたことがあるという（鎌原正巳「千利休に変身か・明智光秀」『特集人物往来』昭和34年〔１９５９〕

9月号)。阪急電鉄、宝塚歌劇団、東宝などの創始者である小林氏（雅号・逸翁《いつおう》）は時代を代表する茶人でもあった。ただし、今回、小林氏が明智光秀＝千利休説に触れたという随筆を見つけ出すことはできなかった。

一方、鎌原正巳氏は右の論文で自身の推論を紹介している。それによると、天正10年6月13日の山崎の戦いの後、光秀は和泉堺《いずみさかい》（大阪府堺市）の茶人・今井宗久《そうきゅう》のもとへ身を寄せる。この時、宗久は光秀に茶道の修行をさせ、光秀改め茶人・千利休を誕生させた。鎌原氏によると、光秀と利休とは比較的年齢が近く、しかも利休の前半生にはわからないことが多いという。光秀は『明智軍記』などでは享禄《きょうろく》元年（大永《だいえい》8年／１５２８）生まれ、『当代記《とうだいき》』では永正《えいしょう》13年（１５１６）生まれとされているが正確な生年は不明で、利休は大永2年（１５２２）生まれとされることが多い。同年代の人物とみるべきであろうか。

けれども、「利休の前半生にはわからないことが多い」などというのは、暴論であろう。利休は堺の商人・田中与兵衛《よへえ》の子で、茶人の北向道陳《きたむきどうちん》、次いで武野紹鷗《たけのじょうおう》に師事して奥義《おうぎ》を究め、二十代から町衆《まちしゅう》、茶人として活躍を重ねている。そもそも、利休ほど前半生のことが伝えられている文化人は、同時代では稀《まれ》である。

また、利休は信長の引き立てを受け、茶会を取り仕切る職・茶堂《さどう》に任じられているし、信長のために鉄砲を調達したこともあった。当然、信長の重臣である秀吉らとも顔見知りだったはずであ

る。にも拘《かか》わらず、鎌原氏は光秀が茶人・千利休になり、さらには、

「遂には秀吉の信任を得るようになった」

「しかし、利休は光秀であることが、遂に秀吉によって見破られる日がきた」

などと続けているのだから、開《あ》いた口が塞《ふさ》がらないとはこういったことをいうのであろう。では、宗久や光秀はすでに茶人として確固たる地位を築いている利休を「闇から闇へ葬り」、光秀が利休になりすましたのかと思ったりもするが、鎌原氏はそのあたりについてはまったく言及していない。

史実では、小田原《おだわら》征伐、九州征伐といった秀吉の天下統一に貢献し、豊後《ぶんご》（大分県）の戦国大名・大友宗麟《そうりん》に、

「内々《ないない》の儀《ぎ》は宗易《そうえき》（＝利休）、公儀《こうぎ》の儀は宰相《さいしょう》（＝秀吉の弟・豊臣秀長《ひでなが》）」

とまでいわせた利休も、天正19年（1591）に秀吉の命により切腹して果てた。切腹を命じられた理由に関しては、利休が安価な茶器を高く売って暴利を貪《むさぼ》った、利休が京都・大徳寺《だいとくじ》（京都市北区）の山門《さんもん》に木像を安置した、利休と秀吉とでは茶道に対する考え方がまったく違っていた、などの十余の説が主張されているが、「諸説紛々《ふんぷん》として定説をみず」の感が強い。他方、鎌原氏によると、利休（すなわち光秀）が切腹したのは、

「彼は自らの不明に対して、死をもってつぐなう決心をした」

というのが、「死を賜《たまわ》ったほんとうの理由ではなかろうか」と右の論文の末尾で述べている。こ

の明智光秀＝千利休説は、これ以上の説明が必要ないであろう。

◆作家・山岡荘八の短編『生きていた光秀』

『徳川家康』をはじめとする数々の長編小説で知られる作家・山岡荘八《やまおかそうはち》氏に、『生きていた光秀』（昭和35年／１９６０）という短編小説がある。歴史と文学とを混同するつもりは毛頭ないが、光秀の不死伝説をテーマとした作品のなかでは出色の出来といっても過言ではない。発表されたのが、まだ光秀の不死伝説が広く世間で取り沙汰されてはいなかった時期だっただけに、この作品で光秀に不死伝説があることを知った方も多かったようである。

この『生きていた光秀』の主要な登場人物は曾呂利新左衛門《そろりしんざえもん》、玄琳《げんりん》、そして謎の雲水《うんすい》（実は光秀）の三人で、天正10年の山崎の戦いの翌年のある雨の日、和泉堺の新左衛門の邸を玄琳と雲水が訪ねるところからはじまる。後に秀吉とも交流を持つ新左衛門は実在の鞘師《さやし》で、つくった鞘は刀《かたな》が「そろり」と音も立てずに収《おさ》まることから曾呂利新左衛門と呼ばれた。一方、臨済宗《りんざいしゅう》の名刹《めいさつ》・妙心寺《みょうしんじ》（京都市右京区）の禅僧である玄琳は光秀の子といわれている人物で、『生きていた光秀』では光秀と、新左衛門の妹の間に生まれたという設定になっているが、系図類には玄琳の生母に関する記述はない。

この作品の序盤、玄琳は父・光秀に保護を加えてほしいと新左衛門に懇願《こんがん》しているが、光秀は新左衛門の妹と玄琳とを一度捨てたことがあるという設定になっている。このため、新左衛門は光秀を邸に招き入れようともしないが、光秀は匿《かくま》ってほしくてここへきたのではない。新左衛門が秀吉に接近していることを熟知している光秀は、

「新左衛門が自分の身柄を秀吉のもとへ突き出してもよい」

と覚悟してここまできたらしい。その覚悟を知ってか知らずか、遂には新左衛門は光秀を邸に招き入れたので、光秀は身の上話をはじめた。光秀の言によると、大日《だいにち》と名乗って比叡山《ひえいざん》（京都市東山区）の塔頭《たっちゅう》・松嶺院《しょうらいいん》で修行していた。次いで、新左衛門が大胆《だいたん》にも光秀本人に「光秀をどう思われる」と問うと、

「されば、まことに詰《つま》らぬ、小心《しょうしん》な野心の徒《と》であったと存じまする」

と当の光秀が答えた。そういった光秀の言動が幸いしたのか、難色を示していた新左衛門も折れ、種々の保護を加えるようになった。その後、光秀は新左衛門の助力を得て助松庵《すけまつあん》（大阪府泉大津市）を建立し、さらに大日庵《だいにちあん》（同貝塚市）へ移った。しかし、慶長《けいちょう》3年（1598）に秀吉が没すると、翌年、いずこともなく姿を消した。『生きていた光秀』の最後で山岡氏は、天台宗の高僧・天海が光秀を連れ去った、天海は光秀の後身である、という二つの説を紹介している。この短編小説の舞台は新左衛門の邸だけなのだが、おそらくこの作品を舞台化しても観客が飽きることはないであろう。やはり、歴史と文学とを混同するつもりは毛頭ないのだが、近畿各地に残る光秀の不死伝説を見事に織り込んだ短編小説が、昭和35年に発表されている点は驚嘆に値する。余談ながら、

「山岡荘八氏の『徳川家康』はあまりに長過ぎて、途中で読むのを止めた」という方が多いようだが、この『生きていた光秀』は一度読みはじめたならば最後まで一気に読み終えるに違いない。

無論、短編小説なので信長の不死伝説などを題材とした漫画家・本宮ひろ志氏の漫画『夢幻《むげん》の如く』や、同じく漫画家・石井あゆみ氏の漫画『信長協奏曲《コンチェルト》』のようなスケールの大きさ、奇想天外さなどはないが、昭和35年という時代の光秀の不死伝説を題材とした佳作、記念碑的作品として、是非、『生きていた光秀』を一読いただきたいと思う。

◆和泉に複数残る光秀の不死伝説

和泉《いずみ》（大阪府南部）には小栗栖で自刃したはずの光秀が生き延び、一時期身を寄せていたという伝承を持つ寺院が複数ある。ただし、これまでに寺院の移転、廃寺、合併などがあったため、その点は注意を要する。まず、和泉鳥羽《とば》（大阪府貝塚市）にあった大日庵（海雲寺《かいうんじ》）を開基《かいき》したのは僧侶・玄琳（南国梵桂《なんごくぼんけい》）だが、この玄琳に関しては、「近江《おうみ》坂本城（滋賀県大津市）の攻防戦で落命した明智光慶《みつよし》（十兵衛《じゅうべえ》／光秀の嫡子）が、実は生き延びて玄琳になった」

といわれている。さらに、

「光秀は小栗栖で自刃しておらず、子の玄琳を頼って一時期、大日庵に住んだ」

という光秀の不死伝説も伝えられている。後に、寺号を海雲寺と改称していたが戦災で焼かれた後、和泉岸和田藩（大阪府岸和田市）主・岡部行隆《ゆきたか》の命で同城下へ移転し、寺号《じごう》を本徳寺《ほんとくじ》と改めた。本徳寺は現存する唯一の明智光秀画像（肖像画）を所蔵していることで有名で、光秀の位牌《いはい》も安置されている。


このうち、光秀の画像に記されている「放下搬舟三昧去」の七文字を、

「（光秀は）仏門に入って去った」

と解釈する説がある。また、画像に記されている「輝雲道琇禅定門《きうんどうしゅうぜんじょうもん》」、位牌に刻まれている「鳳岳院《ほうがくいん》殿輝雲道琇禅定門」と法名には、「輝」と「琇」という光秀の実名を織り込んだ字が用いられている。さらに、光秀の位牌の裏面には「当山開基慶長《けいちょう》四己亥《つちのとい》」とも刻まれているが、これに従えば大日庵の開基は（玄琳ではなく）光秀で、その光秀は少なくとも慶長4年（1599）まで生きていたということであろうか。


さらに、大日庵が鳥羽にあった時代のことに関連して、鳥羽には、

「〽鳥羽にやるまい　女の命　妻の髪売る　十兵衛が住みやる　三日天下の　詫《わ》び住居《ずまい》」

という俗謡《ぞくよう》があったという。


俗謡の歌詞のうち、十兵衛というのは光秀の若い頃の通称で、「女の命　妻の髪売る」のくだり

は濔子《ひろこ》（光秀の正室）が自らの髪を切って売り、夫の経済的苦境を救ったという逸話を指す。この俗謡の歌詞は、光秀・濔子夫妻が若い頃に鳥羽に住んでいたことをいっているのか、正室に髪を売らせ、短期間ながら天下を掌中《しょうちゅう》に収めた光秀が鳥羽に隠れ住んだことをいっているのか判断できない。あるいは、小栗栖で死ななかった光秀は、若い頃に住んだことがある鳥羽へ身を寄せたという可能性もある。

次に、和泉助松《すけまつ》（大阪府泉大津市）にあった助松庵は僧侶・仁海《にんかい》の創建で、後に山号《さんごう》、寺号を日向山光秀寺《ひゅうがさんこうしゅうじ》と改めて現在の同高石市へ移転した。補足説明をすると、仁海は助松の蓮正寺《れんしょうじ》境内に、助松庵を創建したのである。比較的知られているように、光秀の受領名《ずりょうな》（註＝朝廷から賜《たまわ》った官職）が日向守《ひゅうがのかみ》で、光秀寺の寺紋《じもん》が光秀の家紋と同じ「桔梗《ききょう》」紋だというのだから、光秀と関係がないはずはない。大阪府泉北郡《せんぼく》役所編『泉北史蹟史料』〔下巻〕（大正12年〔１９２３〕）には、当時の村役場の調査の結果、

「元、助松庵ナリシニ、光秀、主《あるじ》ヲ弑《しい》シ、逃《のが》レ来リ、此《こ》ノ菴《いおり》ニ居ルコト数旬《すうしゅん》、以来名ヲ光秀寺トイフト真言宗《しんごんしゅう》ナリ、住職西本氏ハ其裔也《そのすえなり》」

という事実が判明したと記されている（註＝宗派は正しくは浄土真宗本願寺派）。この場合の数旬は数年という意味と解するべきだと思うが、「住職西本氏ハ其裔也」というのは仁海の子孫という意味か、光秀の子孫という意味かが判然としない。一方、同寺門前にある高石市教育委員会建立

の説明板には、

「山号・寺号の由来は、寺紋に桔梗を使用しており仁海上人が明智光秀一族と何らかの関係があって、このようにしたと伝えられています」

とあり、光秀が助松庵に潜伏したとか、住職が光秀の子孫だという話は見当たらない。

ただし、光秀は鳥羽の大日庵、助松の助松庵で天寿をまっとうしたのではないらしく、いずこともなく立ち去ったとされている。これらに関連して、

「天海が光秀を連れ去った。いや、光秀は天海となって徳川家康の知遇を得た」

などとする主張も根強い。これらの主張と関係あるのか否かは不明だが、大日庵跡に近い貝塚市内の某寺には天海の遺言状が所蔵されているという（『貝塚市史』）。

◆光秀の霊を祀る近畿の民俗行事

近畿の農村部では8月の旧盆《きゅうぼん》などにガキボドケなるものを祀《まつ》って供養《くよう》するが、このガキボドケとは光秀の霊であるという。盆に光秀を供養する民俗行事があることは、柳田國男博士が『先祖の話』（昭和21年〔1946〕）で、

「大和龍田《やまとたつた》あたりにもホウカイ火といふ名がある。是れはたゞ盆の頃に提灯《ちょうちん》を点《とも》して縁先《さき》に懸《か》けることで、明智光秀の霊を慰《なぐさ》める為《ため》などゝいふ言《い》ひ伝へがあるのは珍しい話だが」

などと紹介している。大和龍田とは現在の奈良県斑鳩町《いかるがちょう》である。また、民俗学者の高谷重夫博士の『盆行事の民俗学的研究』によると、この種の民俗行事は京都府、奈良県、三重県、大阪府などの農村部の、民家や寺院で行なわれているが、光秀の霊を祀るのは、

「明智光秀が年貢を免じてくれたことに報いるため」

などと言い伝えられているところが多い。具体的には、光秀の霊を祀る行事があるのは、柳田博士が触れている斑鳩町のほかには京都府木津川市《きづがわし》、奈良県奈良市、宇陀市《うだし》、天理市、御杖村《みつえむら》、三重県名張市《なばりし》、大阪府能勢町《のせちょう》、堺市、河内長野市、岸和田市などである。

このうち、能勢町では旧暦《きゅうれき》4月8日、天理市では7月、堺市や岸和田市では七夕《たなばた》、河内長野市では9月に光秀の霊を供養するべく、竹竿《たけざお》の先に花を挿《さ》したり、提灯《ちょうちん》を立てたり、軒先《のきさき》に下げたりする。天理市では提灯を「アケッタンの提灯」というし、岸和田市では、

「七夕竹の竿頭《かんとう》のかざりの先端に提灯に『明智光秀』と書いて畑に立てると、虫よけになる」

とされている。提灯のほかにも、縁側に籠《かご》を伏《ふ》せて花を立て、茶湯《ちゃゆ》を供えたりするところがある。

無論、光秀ゆかりという以上の民俗行事のなかには、生活様式の変化、過疎化などが原因で廃《すた》れてしまったものもある。事実、高谷博士が御杖村で再調査したが、

「この伝承を知る人はいないようであった」

という（高谷重夫『盆行事の民俗学的研究』平成7年〔1995〕）。

また、右で列挙した自治体のなかには、光秀の領地ではなかったところが多いのも事実である。おそらく、年貢を免じてくれたとするのは後世の付会で、光秀が非業の最期を遂げたと伝え聞いた民衆が率先してかかる民俗行事をはじめたのに違いない。それにしても、京都府、奈良県、三重県、大阪府という広い範囲で、光秀の霊を供養する民俗行事が行なわれているという点は実に興味深いことといえよう。少なくとも、信長の霊を供養する民俗行事が、広い範囲で行なわれているという話はつゆぞ聞かない。要するに、不死伝説ではないものの、平成、令和の今日でも右で紹介した市町村では人々の心のなか、民俗行事のなかに「明智光秀は生きている！」わけである。

◆明智鞍と明智氏再興運動との関係は？

城地を失った真田昌幸《さなだまさゆき》・幸村《ゆきむら》（信繁《のぶしげ》）父子が、真田紐《ひも》を編《あ》んで御家再興を目指した、幸村自身や家臣が真田紐の行商人に身をやつして天下の情勢を窺った、という説がある。また、実は幸村は大坂夏の陣では討死しておらず、真田氏を再興するべく、人里離れた地で真田紐を編んで天寿をまっとうした、などとする不死伝説も複数ある。

一方、稀《まれ》に光秀の不死伝説や、明智氏再興運動との関連でとり沙汰されることがあるのが、明智鞍《ぐら》である。松山義雄氏の「南信動物誌（五）」（『動物文学』第八十一号、昭和16年〔1941〕9月）によると、明智鞍とはかつて信濃《しなの》（長野県）の伊那谷《いなだに》で使われていた花嫁用の飾り鞍で、真鍮骨《しんちゅうぼね》の山の円形の中に幣帛《へいはく》（註＝神への進物）を持った猿《さる》の型が切り抜かれている点に特徴がある。また、明智鞍には朱塗《しゅぬり》と白木《しらき》のものとがあるが、後者には「尾、明智村萬蔵《まんぞう》」なる焼印があったというから、明智鞍という呼称は尾張《おわり》明智村の万蔵（萬蔵）がつくったことに由来するのに違いない。

次に、伊那谷は現在の飯田市、駒ヶ根《こまがね》市、伊那市、下伊那郡、上伊那郡の3市6町13村を指す。また、江戸時代に尾張春日井《かすがい》郡明知《あけち》村（愛知県春日井市）という類似した表記の村が確かにあった。尾張名古屋（名古屋市）と信濃とを結ぶ街道沿いの明知村には、かつて運送関係者や牛馬を泊める馬宿が複数あり、村内で馬の蹄鉄《ていてつ》を取り付けたりすることもあったという（『春日井市史』〔地区誌編1〕昭和59年〔1984〕）。そんな明知村でつくられた明智鞍が馬で伊那谷まで運ばれ、嫁入りの際に使われていたとしても不思議はない。

柳田國男博士監修の『改訂綜合日本民俗語彙』（昭和45年〔1970〕）も、明智鞍について、「名の由来は工匠《こうしょう》のそれからに違いない」と推測しているが、残念なことに現在の春日井市や、伊那谷の各市町村の博物館、資料館に明智鞍の実物が現存していない。したがって、真鍮骨の山にある「幣帛を持った猿の型」の、幣帛の形状すら不明なのである。

さらに、やはり現在の春日井市や伊那谷の各市町村にも光秀や家臣、子孫と明智鞍との関係を裏付ける系図、古文書などもないようだが、先に触れたとおり明智鞍というキーワードは、稀に光秀の不死伝説や明智氏再興運動との関連でとり沙汰されることがある。

なお、江戸時代に馬を使った物資輸送のことを中馬《ちゅうま》といったが、わけても信濃ではこの中馬が発達していた。かかる関係で現在の長野県内には中馬で使った馬の鞍が多数現存しており、また花嫁用の飾り鞍も少ないながらも現存している。あるいは、天正10年に実は小栗栖で自刃しなかった光秀や家臣、あるいはその子孫が、飾り鞍をつくりつつ再挙、御家再興の機会を窺ったということなのであろうか。そうであるとしても、残念なことに再挙や御家再興の機会には恵まれず、明智鞍の名のみが令和の現在まで残ったとみることもできるように思う。

光秀は美濃山中で生きていた！

◆美濃洞戸に残る光秀の不死伝説

江戸時代中期の尾張藩《おわり》（名古屋市）の藩士、文人《ぶんじん》の天野信景《のぶかげ》は随筆『塩尻《しおじり》』に、「濃州《のうしゅう》武芸郡《むげ》洞戸村《ほらど》に、不立《ふりゅう》と云《いう》禅衲《いうぜんのうあ》有り、自ら明智光秀が曾孫《ひまご》と云《いう》。彼説《かのせつ》に曰《いわく》、光秀小栗栖《おぐるす》にて野武士《のぶし》に殺さる、と云《いう》は非《あらざる》なり。山崎敗北の後は有縁《うえん》につきて、潜《ひそか》に此《この》洞戸に隠れ、関ケ原役に神君《しんくん》に属し奉《たてまつ》るべき為、村民を率《ひきい》て出しが、路《みち》にて河水に溺死《できし》せりと」

と記されている。濃州（美濃）武芸郡洞戸村は現在の岐阜県関市洞戸、禅衲は禅僧、関ケ原役は慶長《けいちょう》５年（１６００）の関ケ原の戦い、神君、神祖《しんそ》（後述）は徳川家康を指す。この記述を信じれば、天正《てんしょう》10年（１５８２）に小栗栖で落命しなかった光秀が18年間も美濃山中に潜《ひそ》んでいたことになる。以上は驚くべき記述というほかはない。洞戸は元和《げんな》５年（１６１９）から明治維新まで尾張藩領であったから、信景は現地へ赴いて不立にことの真偽を問《と》い糺《ただ》した可能性が高い。なお、「路にて河水に溺死せり」という記述は、幾多の危難を脱し、18年間も生き延びていた人物にしては呆《あっ》気《け》ない最期といえよう。

詳しくは、次項以降で触れるが、一般には『美濃志《みのし》』、神沢貞幹《かんざわていかん》の『翁草《おきなぐさ》』などを典拠として美濃中洞村《なかほら》（岐阜県山県市《やまがた》）に残る光秀の不死伝説が取り沙汰されることが多い。ただ、執筆された時期は信景の『塩尻』の方がはるかに古い。

そこで、筆者（川口）は関市へ行って図書館の方などに話を伺うなどしたが、洞戸にはこの地に光秀が潜伏したことや、川で溺死したこと、曾孫の不立のことなどに関する伝承はないという。

一方、この美濃洞戸潜伏説については『郡上八幡町史《ぐじょうはちまんちょうし》』〔上巻〕（昭和36年〔1961〕）に関連した記述がある。それは、現在の同郡上市那比《なび》にある明智岩《あけちいわ》に関するもので、山崎の戦いの後に光秀の家臣が那比へ落ち延び、明智岩のあたりに住んだ、という。

なお、郡上市から洞戸、中洞までに延びる道路は、江戸時代には洞戸街道と呼ばれていた。『郡上八幡町史』〔上巻〕は、

「高賀山《こうがさん》の両側に明智光秀に関連した伝承をもっているのは面白い」

と続けている。高賀山（標高1224メートル）は郡上市と関市の境の洞戸街道沿いにある山で、両市域でもっとも高い。『明智軍記』には、少年時代の光秀が美濃から越前《えちぜん》（福井県）へ赴いた際、「郡上郡を経《へ》」たと明記されている。この付近に土地勘《とちかん》があった光秀は洞戸へ潜伏し、洞戸の東に当たる明智岩に家臣を配置したということなのかも知れない。地元の那比で伺ったところでは、

「明智岩には（家臣ではなく）明智光秀自身が潜んだ」

という伝承も、かつてあったという。今春、郡上市在住の杉本輝介氏がお忙しいなか、車で明智岩まで案内してくださった。惜しいことに、昭和時代末期の道路工事によって、明智岩のあたりの

ロケーションは激変している。現在、道路沿いのほぼ垂直に切り立った断崖に石仏があり、また明智岩を示す札も建立された。いかなる理由か、その札には明智岩の別名が按察使岩《あぜちいわ》であるとも記されている。なお、郡上市の中心部は全国から年間数百万人もの観光客が訪れているが、明智岩のあたりは中心部の賑《にぎ》わいとは著しく異なり、洞戸街道は車の通行すら稀《まれ》である。さらに、耳を澄《す》まし、目を凝《こら》らしてみると、ニホンザルの鳴き声や、木々の間を移動する姿すら認められる。明智家再興を願う光秀やその家臣は、このような人里離れた場所で息を殺し、潜んでいたということなのであろうか。

それはともかく、信景は、不立について、

「古証《ふるきあかし》を出して申せしが、真偽不レ慥《たしかならず》。よし又此事正《またこのことただし》たり共《とも》、乱臣弑逆《らんしんしぎゃく》の光秀を神祖争《あらそう》て執用《とりもち》ひ給《たま》はんや、途中の溺死こそ幸《さいわい》の事ならめ」

と続けている。「よし又此事正たり共」以下は大雑把《おおざっぱ》にいえば、

「仮に洞戸に落ち延びたのが事実であったとしても、家康公が主君を殺《あや》めた逆臣である光秀を用いるはずはない。出陣の途中で溺死《おぼれじ》んだのは幸いなことというべきであろう」

といった意味となる。さらに、信景は俗縁《ぞくえん》を絶っているはずの禅僧・不立が、光秀を先祖呼ばわりしていることを「入《い》らざる事」として、この不死伝説を切って捨てている。

◆美濃中洞に残る光秀の不死伝説

第2章で触れたように、美濃中洞、すなわち現在の岐阜県山県市中洞にはこの地で光秀の生誕したという説が残っている。加えて、前項で少し触れたように、中洞には光秀の不死伝説も伝えられている。嘉永《かえい》3年（1850）に刊行された神沢貞幹の『翁草』には、

「明智日向守光秀、天正十年六月十三日に伏㆑誅《ちゅうにふくす》、異説曰《いわく》、光秀山崎没落の時、潜かに遁《のがれ》て濃州中《なか》洞《ほた》仏光山《ぶっこうさん》西洞寺《せいどうじ》に隠れ、姓名を改めて荒須又五郎《あらすまたごろう》と称し、関が原の時神君に属し奉《たてまつ》らんとて、親類を率て出陣せしが、路次にて川水に溺て死すと云々《しかじか》」

と記されている。一読して明らかなことは、中洞に残る光秀の不死伝説は、前項で紹介した洞戸に残る光秀の不死伝説と内容的に酷似《こくじ》している点であろう。貞幹はさらに、荒深又五郎こと光秀の弟・宗三《そうぞう》の子に禅僧・不立がいた、不立が信長が光秀に与えた感状を所持していた、と続けている。信景の『塩尻』にも禅僧・不立が登場したが、光秀との続柄は『塩尻』では曾孫、『翁草』では甥《おい》となっており、明らかに食い違っている。

これに関連して、『明智系図』（『鈴木叢書《そうしょ》』所収）によると、光秀の子に京都の名刹《めいさつ》・天龍寺《てんりゅうじ》（京都市右京区）に入った不立がいる。光秀の子、甥、曾孫が同じ僧名を世襲した可能性があるが、光秀の子の不立は、

「於㆓洛中㆒東山音羽川辺横死（＝京都・東山の音羽川あたりで横死した）」

と『明智系図』に記されている。

一方、光秀が名乗った変名は正しくは荒深又五郎（小五郎《こごろう》）である。崩し字が酷似しているので『美濃志』の著者が「深」を「須」と見誤り、貞幹も誤ったまま孫引きしたのだろう。現在、中洞には荒深姓の家が多く、なかには光秀の子孫を称する方もいる。中洞に伝えられている伝承では、小栗栖で自刃したのは影武者の荒木山城守《やましろのかみ》で、自分の身代わりとなってくれた山城守にちなんで光秀は荒深又五郎という変名を用いた、という。そして、天正10年から18年後の慶長《けいちょう》5年（１６００）の関ケ原の戦いの際、徳川方に参加するべく親類や家臣とともに中洞から関ケ原へ向かった。

ところが、折り悪く、増水した藪川《やぶかわ》（根尾川《ねおかわ》）を渡ろうとして、誤って溺死したのである。奇《く》しくも、溺死した日にちは美濃関ケ原（岐阜県関ケ原町）で決戦が繰り広げられた9月15日だった、という。それにしても、光秀は小栗栖の竹藪《たけやぶ》（明智藪）で自刃していないが、美濃の藪川で溺死したというのだから皮肉である。

なお、同じ時代では関ケ原の戦いで豊臣方から徳川方へ寝返った赤座吉家《あかざよしいえ》が、同6年（１６０１）に増水した大門川《だいもんがわ》（富山県南砺《なんと》市）を検分中に溺死している。また、長田又左衛門《おさだまたざえもん》（森長可《ながよし》の家臣、姉婿）は、長可が増水した川の渡河を命じた点に腹を立て、出奔《しゅっぽん》している（『森家先代実録』）。現代の泳ぎに自信がある方でも着衣のまま水に入るのは危険で、近年、消防署やスイミングスクールの主催で着衣水泳の危険性を啓発するイベントが行なわれている。無論、当時は衣服、重い甲冑《かっちゅう》を着込んでいたし、準備運動をするという習慣も皆無だったから、ひとかどの武将でも河川で溺死する可能性が高かったのである。そういった点を念頭に置きつつ、やはり山県市へ行き、中洞一帯を歩いて地元の方にお話を伺った。前項で触れた洞戸の場合と異なり、中洞では光秀の不死伝説は有名で、荒深姓の皆さんの手で光秀の墓碑が建立されていること、供養《くよう》、顕彰行事が続けられていること、などを伺うことができた。中洞の武儀川《むぎがわ》に光秀の生母が安産を祈願した行徳岩《ぎょうとくいわ》がある点は第2章で触れたが、光秀が溺死んだのは武儀川ではない。中洞では、

「光秀が溺死したのは岐阜県本巣《もとす》市内を流れる藪川（根尾川）だ」

とされている。親類、家臣を率いた光秀は、藪川を渡って関ケ原へ進撃しようとしたのであろうか。そこで、日を改めて本巣市へ行き、教育委員会や図書室の方に話を伺った。この時、本巣市教育委員会の高橋満喜雄氏がお忙しい中、藪川周辺を広範囲に渡って調査してくださったが、同市内に光秀が藪川で溺死したという伝承は皆無であるという。ならば、

「光秀は藪川で溺死しなかった！」

と思いたいところだが、荒深又五郎こと光秀が関ケ原以後を生きたという伝承はない。以上を総合すると、美濃中洞潜伏説はこの地を光秀の生誕地とする説もあり、荒深姓の子孫を称する家があるだけに、俄然《がぜん》、真実味がある。さらに、信原克哉《のぶはらかつや》博士は、

「光秀は従者を装《よそお》って山崎を発って故郷の美濃国は赤江村へ帰って行き、六十八歳くらいでこの世

を去った。今も明智寺というのがあり」

という説のあることを紹介している（信原克哉『明智光秀と旅』）。ただ、信原博士も『明智光秀と旅』で述べているが、赤江村、明智寺がどこにあるのかは不明である。

第6章　光秀＝天海の埋蔵金は実在する！

各地に残る光秀の埋蔵金伝説

◆近江坂本城の落城をめぐる黄金譚

明智光秀に関しては不死伝説とともに、

「光秀やその一族、家臣が近畿や関東に明智家の再興資金を隠した、その再興資金はまだ発見されておらず埋蔵金となって人知れず眠っている」

といったたぐいの「明智光秀の埋蔵金伝説」が巷間《こうかん》で囁《ささや》かれている。また、その埋蔵金伝説は明智光秀＝天海《てんかい》説とからめて語られることも少なくない。まず、キリスト教宣教師のルイス＝フロイスの『日本史』には天正《てんしょう》10年（1582）6月14日の近江坂本《おうみさかもと》城（滋賀県大津市）の攻防戦のこととして、次のような黄金譚《たん》が記されている。それによると、「安土《あづち》を去った明智の武将（＝明智左馬助光春《さまのすけみつはる》（三宅弥平次《やへいじ》））」が敵方である羽柴《はしば》（豊臣）方のジュスト右近《うこん》（高山右近）に目がけて多量の金銀を投げたが、その一部が琵琶湖の湖中に沈んだという意味の記述がある。また、江戸時代中期の近江（滋賀県）出身の文人《ぶんじん》・伴蒿溪《ばんこうけい》の『閑田次筆《かんでんじひつ》』では、秀満は羽柴方の軍勢のなかに旧知の入江長兵衛《ちょうべえ》をみつけ、

「子孫の繁栄を願うのならば、武士を辞めるのが一番だ」

と説《と》きつつ、長兵衛に金銀の入った革袋《かわぶくろ》を投げ与えた。坂本城が落城、秀満も自刃《じじん》した後、長兵

衛は秀満の言をもっともと思い、武士を辞めた、と蒿溪は続けている。

ところが、長兵衛はともかく、右近は坂本城攻防戦には参加していない。したがって、フロイスの記した黄金譚は信憑性《しんぴょうせい》に欠けることになる。史実では、秀満は攻防戦の際に羽柴方の武将・堀直政（秀政の重臣）に城内の重宝《じゅうほう》を託している。光秀が築城した坂本城は琵琶湖に面した水城《みずじろ》であるので、確かに同城から敵方へものを投げ、その一部が湖中に沈んだということがあったのかも知れない。また、秀満や麾下《きか》の武士が若干の金銀を羽柴方に向かって投げ、その一部がやはり湖中に沈んだということがあった可能性も否定できない。

平成8年（1996）から翌年にかけて、例年になく日照りが続いたことが原因で、通常はみることができない坂本城跡の石垣などが湖中から姿を現して話題となった。筆者（川口）も双眼鏡や一眼レフのカメラを持って新幹線に乗り、現地で双眼鏡を頼りに「目を皿のようにして」石垣が露出しているあたりを眺《なが》めたが、無論、秀満ゆかりという金銀をみつけることはできなかった。当時、ドローンはまだ実用化されていなかったが、

「最新式のドローンがあれば何かわかったかも？」

などと考えているのは、筆者だけであろうか。もっとも、この種の埋蔵金伝説で実際に金銀がみつかることは皆無に近い。一例をあげると、旧・千代田区立千代田図書館の裏手には江戸城の遺構の一つ・牛《うし》ケ淵《ふち》がある。江戸時代初期、ここへ牛の背に積まれていた大量の銭が落ちてから牛ケ淵

と呼ばれるようになり、平成の時代に刊行された書籍にもこのことに触れた記述が認められる。しかし、ある年に千代田区役所が牛ケ淵の改修を行なったものの、牛ケ淵の底から銭などはみつからなかったという。

残念ながら、水にまつわる埋蔵金伝説にはこの種の事例が少なくない。

◆再興資金は琵琶湖の湖中や湖岸に隠されている？

明智家の再興のためか否かは不明だが、坂本城内にあった金銀、財宝が意図的に琵琶湖の湖中へ沈められたとする埋蔵金伝説もある。この伝説では光秀は天正《てんしょう》10年6月13日夜に小栗栖《おぐるす》（京都市伏見区）で竹槍の餌食となって自刃したとされており、不死伝説はからまない。

伝えられるところによると、坂本城にいた家臣・能見晴長《のうみはるなが》は主君・光秀が自刃したことを知るや、城内にあった大量の金銀、財宝が羽柴方に奪われてはならないと考えて策を講じた。その策というのは、城内にあった大量の金銀、財宝を舟に乗せて沖合へ漕《こ》ぎ出《だ》し、すべて湖中に投じるというものである。生前の光秀が晴長に対して、

「自分に万一のことがあったならば、城内の金銀、財宝をすべて湖中へ投じるように！」

などと命じていたのか否かは不明である。また、冒頭で触れたように、将来、明智家の再興のためにこのような措置がとられたのかという点も詳《つまび》らかではない。

なお、琵琶湖大橋から南の琵琶湖は南湖《なんこ》と呼ぶのに対して、大橋から北の琵琶湖は北湖《ほっこ》と呼ばれている。水深は天正10年当時と現在であまり変わっていないと思うが、概して南湖の水深が浅く、しかも天正当時は現在とくらべて格段に透明度がよかったであろう。したがって、晴長が南湖に金銀、財宝を投じたはずはない。

投じたとすれば、北湖のどこかと推測される。何しろ、北湖の水深はもっとも深いところで１０３・58メートル（安曇川《あどがわ》河口沖付近）である。この深さならば仮に光輝《ひかりかがや》く金の延べ板を投じたとしても、湖上からみつけることはできない。

もっとも、あまり深いところに投じると、後になって引き上げが困難になる。湖中に金銀、財宝を投じたという伝説があるものの、その場所があまりに深い場所であるために発見にいたっていないといわれる埋蔵金伝説もある。一例をあげると、陸奥《むつ》南部（福島県）の戦国大名・蘆名義広《あしなよしひろ》の埋蔵金伝説の場合、金銀、財宝を居城から運び出した矢先に、敵方の追撃を受けたため、やむなくそれらを猪苗代湖《いなわしろこ》（同猪苗代町ほか）の湖中へ投じた。後に、生き延びた義広が金銀、財宝の引き上げを試みた形跡がないことから、

「敵方の手に渡るくらいならば、猪苗代湖のもっとも深いところへ沈めてしまえ！」

という心境だったのかも知れない。その猪苗代湖は約１０４平方キロメートルとわが国で四番目に面積が広い湖で、水深はもっとも深いところで94メートルもある。平成に入ってからテレビ番組

などで最新の潜水器具、金属探知機、水中カメラなどの文明の利器を駆使した埋蔵金探しが展開されたものの、面積が広いこと、水深が深いこと、冬季には結氷すること、などから本腰を入れた埋蔵金探しはできていないように思う。

坂本城内の金銀、財宝を琵琶湖の湖中へ投じたという晴長も、「敵方の手に渡るくらいなら」という心境でもっとも深い場所に投じたのであろうか。

『明智佐馬之助光春湖水切唐崎松之図』中の唐崎の松（東京都立中央図書館所蔵）

ちなみに、坂本城跡の近くには光秀ゆかりの唐崎《からさき》の松の石碑や、「明智秀満の湖水渡り」の石碑などがある。一説に、埋蔵金が湖岸の松の根元に隠されたともいう。このことを知った埋蔵金研究者のなかに、以上の二つの石碑の周辺を金属探知機で調べた方がいると聞いたが、金銀がみつかったという話は耳にしたことがない。航空法の規制を受けるドローンと違い、金属探知機の使用はあまり法律の規制は受けないようだが、湖岸の公園などの公有地で断りなく金属探知機を使用するのは止めていただきたいと思う。

◆丹波周山の「護法救民の埋蔵金」伝説

光秀ゆかりの埋蔵金伝説のなかで、もっとも有名とされているのが丹波周山《たんばしゅうざん》（京都市右京区）に残る埋蔵金伝説で、この伝説は「明智光秀の護法《ごほう》救民の埋蔵金（宝）」などと呼ばれることが多い。また、この伝説はわが国埋蔵金研究の第一人者・畠山清行《せいこう》氏が著作で紹介したことで一躍脚光を浴びることとなる。

その畠山氏の著作によると、昭和52年（１９７７）頃、畠山氏は秋田光英氏という人物から先祖に関するある話を耳にした。もともと、秋田氏の家は商田姓を名乗って陸奥仙台藩（宮城県仙台市）の能楽師《のうがくし》を務めていた。商田姓は「あきた」と読むが、明田姓を名乗った家と同様に光秀の子孫で、文書は江戸時代中期に自邸の天井からみつかったものという。みつかった場所は天井の梁《はり》付近で、「桔梗《ききょう》」紋があしらわれた刀《かたな》の鞘《さや》のなかだったとされている。その文書には光秀が天正10年の本能寺《ほんのうじ》の変を起こすまでの経緯が記されており、また光秀の軍資金を丹波周山に二か所に分けて隠したこと、そのうちの一か所の軍資金はある人物の命令によって明智家のために使ったこと、残りの一か所の軍資金は再度隠したこと、などが記されていて、末尾には「元和《げんな》七年三月吉日　進士作兵衛《しんじさくべえ》恒興《つねおき》」という日付、署名が施《ほどこ》されていたとされている。「されている」というのは、惜しいことに文書の現物は大正12年（1923）の関東大震災で焼失していたからである。

このため、秋田氏は文書の写しや読み下ししか目にしていないというが、畠山氏のもとにはその前年（昭和51年［1976］）、宮城県庁職員の伊藤正氏から類似した埋蔵金伝説がもたらされている。伊藤氏は岳父《がくふ》（妻の父）の遺品のなかから光秀ゆかりの埋蔵金伝説に関する文書をみつけた。軍資金が隠匿《いんとく》されるまでの経緯は次のとおりであるという。

6月2日の本能寺の変の後、光秀の家臣・進士作兵衛恒興は光秀から「坂本城にある軍資金を京都へ輸送するように」という指示を受けた。命に従い、恒興は部下とともに巨額の軍資金を牛数十頭に載せて京都に向かうが、光秀ら明智方の主力は13日の山崎の戦いで大敗してしまう。やむなく、恒興は軍資金が羽柴方や野盗《やとう》に奪われることを防ぐべく、周山まで輸送した。そして、恒興と信頼の置ける五人の部下だけで軍資金を二か所へ隠したのだが、輸送を手伝わせた者たちの裏切りに遭遇《そうぐう》し、五人の部下は討死を遂げた。唯一、坂本城へ赴いていた恒興だけは生き延びたという。

ところで、光秀の家臣というと、どうしても斎藤利三《としみつ》（春日局《かすがのつぼね》の父）、明智秀満《ひでみつ》（三宅弥平次《やへいじ》）、藤田伝五《でんご》、溝尾勝兵衛《しょうべえ》（庄兵衛）といった綺羅星《きらぼし》の如《ごと》き将星《しょうせい》たちの名が脳裏《のうり》をよぎる。光秀関係の軍記には以上の重臣の名が頻繁《ひんぱん》に登場するが、進士作兵衛恒興などという家臣の名は登場しない。埋蔵金研究者のなかには、

「進士作兵衛恒興なる家臣は存在しない、架空の人物である」

と切って捨てている方もいるが、室町《むろまち》幕府の奉公衆《ほうこうしゅう》のなかに進士姓の武士があり、光秀の家臣のなかにも進士姓の武士が確かにいた。

驚くことに、伊藤氏が持参した文書の末尾にも「元和七年三月吉日　進士作兵衛恒興」という日付、署名が施されていたのである。文書を目にして以降、伊藤氏は可能な限り近畿各地の光秀関係の史跡、寺院を訪ね歩き、当時は京都府京北町《けいほくちょう》だった現在の京都市右京区周山に、光秀ゆかりの寺院・慈眼寺《じげんじ》があることを知った。やがて、伊藤氏は、

「軍資金が運び込まれたのは、光秀ゆかりの慈眼寺に違いない」

と確信するにいたったが、文書には理解不明な部分が多かったため、埋蔵金研究の第一人者・畠山氏に助けを求めたのである。これに対して、畠山氏は文書に記された「こそ松」をかつて周山にあった枯痩《こそう》の松のことと断定し、

「枯痩の松のその周囲に埋蔵金が埋められている！」

と推理した。ただし、枯痩の松は昭和52年の段階ですでに枯《か》れていたし、伊藤氏がかつて生えていた場所やその周囲から光秀ゆかりの埋蔵金を発見したという話もない。また、秋田氏、伊藤氏から相談は受けたものの、長年、埋蔵金研究に携《たずさ》わっていた畠山氏は「埋蔵金がある可能性は低い」と判断したのだろう。畠山氏は周山で発掘はもちろん、本腰を入れた現地調査も行なっていない。

◆「光秀の駒戻し岩」と埋蔵金伝説

前項で触れた周山の近くには法貴坂《ほうきざか》（亀岡市曽我部町《そがべ》）という坂があるが、この法貴坂が光秀の埋蔵金伝説との関連で語られることが時折ある。もともと、法貴坂という地名は、貴い僧侶《そうりょ》（法）である弘法大師《こうぼう》（空海《くうかい》）が付近の子供を背負ってここを登ったという伝説にちなんで命名されたものである。この法貴坂からは亀岡盆地を一望することができるが、坂を登り切った場所に「光秀の駒繋ぎ岩《こまつな》」、あるいは「光秀の駒戻し岩」と呼ばれるものがある。付近には大きな岩が多いが、光秀ゆかりという岩は高さが三、四間《けん》（註＝一間は1・8メートル）というサイズであるとされている。

通説によると、丹波八上城《やがみ》（兵庫県丹波篠山市《ささやま》）主・波多野秀治《はたのひではる》を攻撃した光秀が岩に馬を繋ぎ、槍で岩に「南無妙法蓮華経《なむみょうほうれんげきょう》」と刻んだという。一方で、光秀はこの坂まで攻めてきたが、波多野氏を攻めあぐねてこの場所から駒を戻した（＝撤退を開始した）ので、「光秀の駒戻し岩」と呼ばれるようになったとする説もある。岩の付近に架橋された橋は光秀にちなんで「明智橋」、あるいは「明智戻り橋」と呼ばれたが、光秀が「この先に危難が待ち受けているに違いない」、あるいは「この先にもっと大きい岩があるに違いない」と判断してこの場所で駒を戻したとする伝承もあるという（『丹波の伝承』）。

また、「光秀の駒戻し岩」なる呼び名の由来に関しては、「山陽の毛利氏討伐に向かっていた光秀が、この坂で駒を戻し（＝方針、方向転換して）、本能寺（京都市中京区）滞在中の主君・信長の襲撃に向かった」
「この坂まできたところで、光秀の愛馬が立ち止まり、そこから先に進もうとしない。『何かある！』と悟った光秀は、この坂で駒を戻した」

などという説もある。このうち、埋蔵金伝説との関係が取り沙汰されるのは愛馬が立ち止まったとする説で、この時、光秀は近くの鉱山へ視察に行く予定だった、愛馬が立ち止まった（もしくは愛馬が転倒した）ことがきっかけで付近に金銀の鉱脈《こうみゃく》があることが判明した、などという景気のよい話すらある。短期間ながら、光秀が天下人の座につくことが出できたのは、鉱山で得られた多額の金銀を軍資金として蓄えていたからなのだろうか。

ただし、残念ながら現存する光秀の書状などのなかに鉱山経営に関するものはないし、『明智軍記』などにも光秀が鉱山経営に携わっていたという内容の記述はない。したがって、法貴坂や「光秀の駒戻し岩」と光秀ゆかりの埋蔵金伝説との関係を論じるのは、まったくもって「お門違《かどちが》い」ということになろう。幸いなことに、これまでに法貴坂や光秀ゆかりの岩の付近で埋蔵金の発掘を試みた者はいない。

なお、先に触れたとおり、伊藤氏が持参した文書には、軍資金を二か所に分けて隠したこと、そのうちの一か所の軍資金はある人物の命令によって使ったことが記されていた。実は、恒興が隠した軍資金のうち、一か所の軍資金を使うように命じたのは、小栗栖で竹槍の餌食となったはずの光秀本人で、しかも当時の光秀は僧侶の天海として活躍を開始していたとされている。それが事実であるならば、光秀ゆかりの周山の埋蔵金伝説は、天海ゆかりの埋蔵金伝説でもあることになる。また、その時の軍資金の使途は明智家再興のためだったとも、天海の政治資金に流用されたとも喧伝《けんでん》されているが、詳細は不明である。

なお、前章の「光秀は美濃山中で生きていた!」の箇所で少し触れたが、岐阜県郡上《ぐじょう》市那比《なび》にも山崎の戦いの後に光秀の家臣が落ち延びたという明智岩があるが(『郡上八幡町史』〔上巻〕)、この岩は埋蔵金伝説とはまったく無縁に違いない。

◆遺臣が隠した丹波亀山城の埋蔵金伝説

光秀の居城の一つで、丹波《たんば》(京都府中部)における活動拠点であった丹波亀山城(京都府亀岡市)跡にも、埋蔵金伝説が残っている。その伝説によると、主君・光秀が小栗栖で自刃したことを知った家臣たちは、亀山城にあった多額の軍資金を城内の地中深くへ埋めたとされている。けれども、味方が山崎の戦いで大敗した後に主君が自刃し、羽柴方の侵攻が間近という状況下で、「多額の軍資金を城内の地中深くへ埋めた」という主張はまったくもって不自然で、到底事実を伝えているとは思えない。

百歩譲って、本当に光秀の家臣が多額の軍資金を城内の地中深くへ埋めたとしても、亀山城は江戸時代初期に江戸幕府の命令で大改修が実施されている。大改修の段階で多額の軍資金がみつかったという話は伝えられていない。加えて、多額の軍資金の出どころ、隠匿の経緯、それに関与した家臣の名なども伝えられていない。このように、丹波亀山城説は光秀ゆかりという埋蔵金伝説のなかでももっとも説得力に欠けるのである。以上の理由により、現在、この説に耳を傾ける埋蔵金研究者はほとんどいない。

ところで、同じ丹波には光秀に攻め滅ぼされた戦国武将にまつわる複数の埋蔵金伝説も残っている。まず、丹波平定を進めていた光秀を苦しめた闘将《とうしょう》に、八上城主・波多野秀治《はたのひではる》がいる。高城山《たかしろやま》（丹波富士）に築城された居城・八上城は堅城《けんじょう》で、さしもの光秀も攻めあぐねた。光秀というと、光秀の生母をめぐる悲話が取り沙汰されることが多い。その悲話とは――光秀は生母を秀治のもとへ送って懐柔《かいじゅう》しようとしたが、主君の織田信長が性急な討伐を命じたために生母は秀治の手で惨殺《ざんさつ》された。光秀はこのことを深く恨《うら》み、天正10年６月に本能寺の変を起こした――というものである。

ただし、光秀の生母が秀治のもとへ人質として送られた事実もなければ、生母が秀治の手で惨殺されたという事実もない。生母をめぐる悲話は、後世になって捏造《ねつぞう》されたフィクションである。その八上城跡の本丸の近くにある朝路池《あさじいけ》は、落城の際に城主の娘・朝路姫が身を投げた場所とされている。朝路池は現存するが、褐色《かっしょく》に濁《にご》った池の底に朝路姫ゆかりの財宝があるという噂が絶えない。

次に、天正７年（１５７９）８月に細川藤孝《ふじたか》（幽斎《ゆうさい》）、藤田伝五《でんご》（光秀の重臣）らによって攻め

落とされた丹波高見城《たかみ》（兵庫県丹波市）跡には、

「〽山の端《はた》から十八丁《ちょう》　朝日がさし夕日もさす　三つ葉柳《やなぎ》のその下に　黄金千束《せんぞく》埋めてある」

という歌詞の俚謡《りよう》が残っている。ただし、この種の歌詞は全国の俚謡で確認できるので、埋蔵金というよりも他愛のない昔話とみなすべきであろう。ところが、驚くことに俚謡の歌詞を真に受け、実際に高見城跡を掘った者がいるという（『丹波戦国史』昭和48年〔1973〕）。

◆光秀をめぐる丹波金山城の埋蔵金伝説

本章で紹介する埋蔵金伝説は光秀の家臣、光秀の後身という天海ゆかりの埋蔵金伝説が多い。これに対して、丹波金山《きんざん》城跡（兵庫県丹波篠山市、丹波市）の埋蔵金伝説では家臣や天海ではなく、

「天正6年に明智光秀自身が丹波金山城付近に埋蔵金を隠した！」

と喧伝されてきたという、大変珍しい埋蔵金伝説である。地元に残る伝承などによると、信長から丹波攻略を命じられた光秀は、同年、金山へ一夜で城郭を築城した。その後、追入《おいれ》（同市）に姿を現した光秀は、宿屋《かどや》の主人の求めに応じ、鍋蓋《なべぶた》に矢で、

「金山の　尾《お》の尾の先の　尾の先に　朝日照らす　木のもとに　小判千両　有明《ありあけ》の月」

と刻みつけた。後に、鍋蓋に歌が刻まれていることを知った追入の人々は、

「これは黄金を埋めた場所を示すものに違いない！」

などと色めき立った。そして、右の歌のなかの「朝日照らす（中略）木のもとに（以下略）」を白南天《しろなんてん》と早合点して白南天を探す者や、金山城周辺を徘徊《はいかい》して黄金隠匿の痕跡《こんせき》を探す者などが続出したという。光秀ゆかりの埋蔵金のありかを示すという歌としては、

「夏栗《なつくり》の　尾の尾の先の　尾の先の　黄金千両　有明の月」

「朝日射す　夕日輝く　花の木のもとに　黄金千両　細縄《ほそなわ》千《ち》ひろ」

というものもある。以上のうち、夏栗は同市の夏栗山、有明は空に陰暦《いんれき》16日以降の月が残ったまま夜が明けるさまをいい、尾は尾根を指すものと推測される。最後の歌の「細縄千ひろ」というのは意味が摑《つか》みにくいが、「黄金千両」までは全国各地に類似した歌が残っており、普遍的な歌であるといえよう。光秀の埋蔵金は金山城跡周辺から、夏栗山、三尾《みつお》城跡、細見《ほそみ》城（草山城／以上、丹波篠山市）へと広がっていったとみる意見が強い。

以上の諸城のうち、金山城は波多野方の八上城と丹波黒井城（丹波市）との連絡を断つため、光

秀が構築した山城である。

なお、通常、この時期は土塁《どるい》、空堀《からぼり》を中心とした山城が多いが、金山城跡には野面積《のづらづ》みながら広い範囲で石垣の痕跡が認められる。これまでに、金山城跡をはじめとする諸城やその周辺で埋蔵金が発掘されたことはないが、現在でも埋蔵金伝説を囁《ささや》きながら城跡を訪れる登山客やハイカーの姿がある。ちなみに、後に黒井城に光秀の重臣・斎藤利三が入城したが、娘の春日局がこの城で生まれ育ったといわれている。また、あまり一般には知られていないが、断崖絶壁に構築された三尾城は「天空の城」の呼び名を持っている。

明智光秀＝天海説ゆかりの埋蔵金伝説

◆考古学的な遺品の出土だった喜多院

第４章の「光秀は高僧・天海《てんかい》として生きていた！」で詳しく触れたように、光秀が生き延びて天《てん》台宗《だいしゅう》の僧侶・天海《てんかい》になったという明智光秀＝天海説なるものがある。この説に関連して、天海の埋蔵金伝説は光秀の埋蔵金伝説の一種として語られることが多い。

前節の「丹波周山の『護法救民の埋蔵金』伝説」なども、明智光秀＝天海説を前提としたものであった。一方、明智光秀＝天海説との関連で語られるケースは稀《まれ》だが、天海の埋蔵金伝説として取り沙汰されることが多いのが、天海ゆかりの喜多院《きたいん》（埼玉県川越市）の財宝出土譚《たん》である。寛永《かんえい》15年（１６３６）、第二十七世住職だった天海の命により、喜多院で堂宇《どうう》建立《こんりゅう》のための工事がはじまったが、その段階で境内の地中から勾玉《まがたま》などの財宝がみつかった。どうやら、この場所は古墳《こふん》で、勾玉などは副葬品《ふくそうひん》（註＝埋葬者に副《そ》えて埋める器物《きぶつ》）だったようである。この時、勾玉などが出土したとの報に接した天海は、すぐさま出土場所へ埋め戻すように命じ、堂宇の建立場所をほかに変更した。このように、古墳がみつかった場合は本来は発掘などはせずに埋め戻すのがベストなのだが、現代のわが国ではこうはいかない。それはともかく、古墳を埋め戻した天海の行為は、延宝《えんぽう》４年（１６７６）に常陸《ひたち》水戸藩（水戸市）主・徳川光圀《みつくに》（水戸黄門《こうもん》）が、発見された那須国造碑《なすこくぞうひ》（栃木県大田原市）を保護した行為とともに日本考古学史を飾る美事《びじ》として語られることが多い。学術的には以上のとおりなのだが、勾玉などが出土した場所が埋め戻されたことで、

「喜多院の境内に天海僧正の財宝が埋まっている！」

などと誤って吹聴《ふいちょう》されるにいたった。この喜多院は第三代将軍・徳川家光《いえみつ》、その乳母《うば》・春日局《かすがのつぼね》（斎藤利三《としみつ》の娘）ゆかりの寺院でもある。天海に帰依《きえ》していた家光は寛永15年の川越大火で喜多院が伽《が》藍《らん》の大部分を失うと、江戸城（東京都千代田区）の建物を喜多院に移築させている。また、天海が住職を務めた時代の喜多院は、第二代将軍・徳川秀忠《ひでただ》（家光の父）によって関東天台《てんだい》総本山と定められた。

現在、喜多院には移築された客殿（別名・徳川家康誕生の間）、書院（別名・春日局化粧の間）が現存しており、ほかに天海が建立した山門《さんもん》、天海（慈眼《じげん》大師）を祀る慈眼堂（以上、国指定重要文化財）などが残っている。

そういったこともあって、勾玉などの出土、埋め戻しという事実に明智光秀＝天海説、さらには春日局の存在などがからみつき、「喜多院の境内に……」などと喧伝《けんでん》されるにいたったのだろう。

現在、東京から至近の城下町・川越には、休日ともなれば多くの観光客が訪れている。観光客は必ずといってよいほど川越大師こと喜多院の客殿を拝観し、境内にある五百羅漢《ごひゃくらかん》の頭を撫《な》でたりする。つまり、21世紀の現在では川越城の本丸御殿、川越氷川神社、菓子屋横丁などとともに川越を

代表する観光スポットになっているわけだが、観光客のなかには天海ゆかりの慈眼堂や山門、仙波《せんば》東照宮《とうしょうぐう》などを見上げつつ、

「喜多院の境内で天海が財宝を発掘した」

「喜多院の境内には天海が埋めた財宝が眠っている」

などと小声で囁《ささや》く方もあるようである。

◆日光に残る埋蔵金伝説①――光秀・天海と明智平

通常、豊臣秀吉の埋蔵金伝説、結城晴朝《ゆうきはるとも》の埋蔵金伝説、徳川埋蔵金伝説の三つが「日本の三大埋蔵金伝説」と呼ばれることが多い。筆者（川口）は常々、「日本の三大埋蔵金伝説」には武田信玄の埋蔵金伝説を加えるべきだと思っているし、

「武田信玄の埋蔵金伝説を加えて、『日本の四大埋蔵金伝説』とすべきだ！」

と主張したこともある（あまり賛同は得られていないが……）。それはともかく、豊臣秀吉や結城晴朝の埋蔵金伝説は安土桃山《あづちももやま》時代に隠匿《いんとく》されたという埋蔵金伝説であるのに対して、徳川埋蔵金伝説は幕末維新期に隠匿されたという埋蔵金伝説である。吝嗇《りんしょく》、つまりケチで名高い徳川家康は江戸幕府の運営資金などとして巨額の金銀を残したが、家康ゆかりという埋蔵金伝説は皆無である。

ただし、家康も「目が行き届かない」ところがあったらしく、側近、ブレーンである大久保長安《ながやす》（老

中、金山奉行《ぶぎょう》）、それに天海ゆかりという埋蔵金伝説はそれぞれ全国に複数伝えられている。たとえば、長安ゆかりという埋蔵金伝説は神奈川県箱根町の仙石原《せんごくばら》などにあり、過去に本格的な調査がなされたこともある。

前後したが、これは「山野《さんや》に埋蔵金がある！」という埋蔵金伝説に共通していえることだが、長安の埋蔵金伝説も、

「では仙石原のどこに長安の埋蔵金があるのか？」

となると、その説は実に脆弱《ぜいじゃく》である。やはり、この種の埋蔵金伝説では、

「（その山野の）樹木や草花の場所にある。いや特定の日時に樹木の影ができる場所だ」

などと説くものも少なくない。さらに、

「埋蔵場所は暗号めいた難解な和歌を読み解かないとわからない」

「樹木、草花が実《み》をつける時期にならないと本当の場所はわからない」

などという、縁日の宝探しのような埋蔵金伝説もまた少なくない。そういった謎めいた埋蔵金伝説に比べると少し大雑把《おおざっぱ》なのが天海ゆかりという明智平《あけちだいら》（栃木県日光市）の埋蔵金伝説である。明智平についても第4章で詳しく触れたが、光秀、天海と明智平はまったく無関係とみるのが妥当で、ここに光秀、天海ゆかりの埋蔵金が眠っているとするこの説はすこぶる説得力に欠ける。それでも、一攫千金《いっかくせんきん》を夢見る埋蔵金研究者のなかには、

「明智平で埋蔵金の痕跡を発見した！」

と力説する方もいる。以前には筆者（川口）も、

「明智平で本腰を入れて埋蔵金を探すので、一緒に行こう！」

と複数の方から誘われたことがある。埋蔵金がらみの情報は時折、筆者のもとへ寄せられるが、「埋蔵金を探すので、一緒に行こう！」と誘われるのは日光明智平説のみである。無論、その「本腰を入れた」埋蔵金探しとやらに同行したことは一度もない。

ちなみに、天海が建立したある東照宮の境内にも、埋蔵金伝説が残っている。その東照宮とは世《せ》良田《らだ》東照宮（群馬県太田市）で、確かに世良田東照宮は天海が建立したものである。天海は徳川将軍家（松平家）発祥の地である世良田に、寛永《かんえい》21年（1644）に世良田八幡宮を建立した（天海自身は完成直前に示寂《じじゃく》）。もっとも、世良田東照宮の埋蔵金伝説は天海が生きた時代のものではなく、幕末維新期の埋蔵金伝説である。

TBSのテレビ番組『世界ふしぎ発見！』の「東照宮の謎　徳川埋蔵金を追え！」（平成12年〔2000〕8月5日放送）などによると、幕末維新期に突如、僧侶ではない者たちが世良田東照宮に隣接する長楽寺《ちょうらくじ》（太田市）にきて住職や僧侶になりすました。そして、境内に「何か」を埋めたという。『世界ふしぎ発見！』では金属探知機を使って隈なく調査し、境内の二か所に「何か」を埋めた痕跡があることを確認している。

◆日光に残る埋蔵金伝説②——日光神橋説は根拠がない！

栃木県日光市は日光東照宮、二荒山《ふたらさん》神社、輪王寺《りんのうじ》の二社《しゃ》一寺《じ》を中心に発展した門前町だが、日光山内《さんない》の入口ともいうべき場所にある神橋《しんきょう》は二荒山神社の建造物として知られている。現在のかたちに架橋されたのは寛永13年（１６３６）で、明治37年（１９０４）の洪水で流出した後、再建されて今日にいたった。鮮やかな朱色《しゅいろ》に着色されており、新緑、紅葉、あるいは雪景色のなかでの優美な神橋は、みる者の言葉を奪ってしまう。

天海は輪王寺の貫主《かんす》（住職）に就任して、家康の遺骸の日光への改葬《かいそう》、日光東照宮の造成などの不朽《ふきゅう》の業績を残した。その不朽の業績を称えるべく、神橋に近い日光市上鉢石町《かみはついしまち》には見事な天海の銅像（立像《りゅうぞう》）が建立されている。そんな神橋の付近に、

「天海の埋蔵金が眠っている！」

と説く埋蔵金研究者がいる。また、その埋蔵金に関連して、

「童謡『かごめかごめ』の歌詞は、埋蔵金の隠し場所を示している！」

と続ける方もいる。この『かごめかごめ』の歌詞と埋蔵金伝説との関係を論じる主張は独善的なものが多いが、端的《たんてき》にいうと、

「『かごめかごめ』の「かごめ」とは籠《かご》の目、すなわち六芒星《ろくぼうせい》（六角形の星型）のことで、江戸幕府の居城である江戸城（東京都千代田区）を中心にして地図に六芒星を描いた場合、六芒星の先端

にあたる場所に埋蔵金が眠っている」

などと説くものが多い。ただし、江戸時代初期には正確な地図はまだなかったし、ましてや六芒星の先端にあたる場所を正確に割り出すことも、その場所に金銀を隠すことも困難だったに違いない。なお、橋の両端にあたる場所を袂《たもと》というが、神橋は全国的に有名なわりには全長が短く、橋を支える袂の構造も小規模である。到底、巨額の埋蔵金が眠っているとは思えない。何よりも、この日光神橋説は天海ゆかりの日光山内に残る埋蔵金伝説ではあるものの、光秀、あるいは天海がこの説とどう関わったのかという点が、不思議なことに語り継がれていないのである。

けれども、誰もが知っている童謡の歌詞の中に、「埋蔵金の隠し場所を知る鍵《かぎ》がある！」などという主張は、常識では到底信じられない。百歩譲って、歌詞にその鍵なるものがあるとしても、その場所が日光の、しかも神橋付近だとする主張はまったくもって説得力に欠ける。余談ながら、本書でとり上げたほかの埋蔵金伝説の場合もそうだが、発掘を前提にした事前調査ができない場所に埋蔵金があると主張して、

「土地の所有者が許可しないから、発掘できない」

などと曰《のたま》う者もいる。この種の埋蔵金研究者には、対応に苦慮する。ともあれ、そういったこともあって、この日光神橋説を一顧《いっこ》だにしない埋蔵金研究者は少なくない。

一方、日光神橋説を否定する方のなかにも、

「天海ゆかりの埋蔵金が栃木県栃木市に眠っている！」

と説く方がいる。また、ある人物が先の『かごめかごめ』の歌詞を分析した結果、天海ゆかりの埋蔵金が栃木市の民家の敷地にあることを突き止めた。

平成5年（1993）当時、「発掘を目指して敷地の所有者と交渉している」と『週刊読売』平成5年11月7日号は報じているが、これまでのところ同市内で巨額の埋蔵金が発見されたというマスコミ報道などはない。

第7章　光秀の子孫は生きている！

連綿と受け継がれた光秀のＤＮＡ

◆天皇家には光秀の血が流れている

天正《てんしょう》10年（1582）6月2日に本能寺《ほんのうじ》の変を起こした明智光秀であったが、同月13日の山崎の戦いでの大敗が原因で光秀以下の明智一族も滅亡してしまった。しかし、天下人・光秀のＤＮＡはここで途絶えてしまったわけではない。それどころか、驚くべきことに光秀のＤＮＡは、現在の天皇家にも受け継がれている。具体的には、光秀の娘であるガラシア（お玉）と細川忠興《ただおき》との娘・多羅《たら》は豊前臼杵《ぶぜんうすき》藩（大分県臼杵市）主・稲葉一通《かずみち》（一鉄《いってつ》の曾孫《ひまご》）に嫁《か》したが、一通・多羅夫妻の玄孫《やしゃご》の女性が公家《くげ》・勧修寺顕道《かじゅうじあきみち》の正室となり、その孫娘・婧子《ただこ》が第百十九代・光格《こうかく》天皇の典侍《てんじ》となって第百二十代・仁孝《にんこう》天皇を産んでいる。

明智光秀――ガラシア（玉子）――多羅――信通――知通――恒通――同娘
└経通――婧子――仁孝天皇――孝明天皇――明治天皇

また、忠興・玉子夫妻の長男・細川忠隆《ただたか》は慶長《けいちょう》5年（1600）の関ケ原の戦いの際の行動を咎《とが》められて嫡子の座を剝奪《はくだつ》されたが、忠隆の子孫である正親町雅子《おおぎまちまさこ》が仁孝天皇の典侍となって第百二十一代・孝明《こうめい》天皇を産んでいる。典侍は「ないしのすけ」、あるいは「すけ」とも読む。典侍は朝廷の女官の職名の一つだが、典侍の中から天皇の寵愛《ちょうあい》を得て皇子、皇女を産むものもいた。

明智光秀 ―― ガラシア（玉子） ―― 細川忠隆 ―― 徳 ―― 西園寺公満 ―― 同娘

広幡豊忠 ―― 同娘 ―― 正親町公明 ―― 実光 ―― 雅子 ―― 孝明天皇 ―― 明治天皇

雅子は孝明天皇の生母として厚遇され、晩年には女院《にょいん》、准三后《じゅさんぐう》という皇后（中宮《ちゅうぐう》）、皇太后に準ずる高い位、称号を得た上に、新侍賢門院の院号も得ている。すなわち、仁孝天皇以降の天皇家の方々は、光秀のＤＮＡを受け継いでいるわけである。ちなみに、雅子はわが国最後の女院である。

さらに、稲葉家をはじめとする大名家、正親町家をはじめとする公家を通じて、光秀のＤＮＡは江戸幕府の第十五代将軍・徳川慶喜《よしのぶ》や、五百円札の図柄で有名な幕末明治期の政治家・岩倉具視《ともみ》といった歴史上の人物にも受け継がれている。

前後したが、忠隆の生母・ガラシアは関ケ原の戦いの直前、摂津《せっつ》大坂（大阪市）の細川家邸にいたところを豊臣方に包囲される。この時、ガラシアは身柄を拘束《こうそく》されることを嫌って落命した。

一方、忠隆の正室・千世《ちよ》（前田利家《としいえ》の七女）は豪姫《ごうひめ》（利家の四女、豊臣秀吉の養女）の配慮で細川邸を脱出する。この事実を知った忠興は姑《しゅうとめ》・ガラシアを見捨てた千世の行動に激怒し、忠隆に千世を離縁するよう迫った。けれども、忠隆が離縁を渋《しぶ》ったため、長男である忠隆は嫡子（跡取り）の身分を剥奪されたのである。後に、忠隆は父・忠興との和解が実現し、忠隆の子孫は肥後《ひご》熊本藩（熊本市）主・細川家の一族・長岡内膳《ないぜん》家として存続した。内膳家は明治維新後に細川姓に復姓し、子孫からは細川隆元《りゅうげん》氏、同隆一郎氏（隆元氏の甥）、同隆三氏、同珠生《たまお》氏（以上、隆一郎氏の子）といった著名な政治評論家、政治記者が出ている。光秀の子孫であることを示すため、裏紋《うらもん》は「桔梗《ききょう》」紋を用いているというが、隆三氏と珠生氏の兄妹は雑誌などで自身と光秀・ガラシア父娘との関係について語っている。珠生氏は最近、『私の先祖明智光秀』（令和元年〈2019〉）という著作を上梓した。

明智光秀―ガラシア―細川忠隆―忠春―忠重（忠孝）―忠英―忠昌
―忠虎―忠壽―忠顕―隆虎
隆虎―隆顕―隆英
隆虎―隆志―隆一郎
隆一郎―隆三
隆一郎―珠生
隆虎―隆元

◆光秀の嫡子・光慶は大隅で生きていた？

キリスト教宣教師・ルイス＝フロイスはイエズス会総長宛の書簡に、天正10年6月14日の近江坂《おうみさか》本《もと》城（滋賀県大津市）の攻防戦に関連して、

「坂本落城のとき、明智の二子はそこで死んだと言われている。彼らは今日まで現れないから噂《うわさ》どおり死んだと思われるが、逃げたという者もある」

と記している。フロイスはその長男は十三歳で、「欧州《おうしゅう》の王侯《おうこう》とも思えるような優美な」顔だちだったとも記している。現在では以上の書簡の記述を典拠として、

「光秀の長男は坂本城で落命した」

と主張する研究者がいるが、「今日まで現れないから噂どおり死んだと思われるが」などというのは、実にいい加減、かつ無責任な記述というほかはない。もっとも、光秀の長男に関しては、山崎の戦いの際に丹波《たんば》亀山城（京都府亀岡市）にいたというが、父・光秀が謀叛《むほん》を起こしたとの報に接して驚きのあまり絶命した、羽柴《はしば》（豊臣）方の猛攻を受けて同城で自刃《じじん》した、などとも伝えられている。ともあれ、坂本城落命説を否定した上で、

「長男は坂本城では落命せず、生き延びて各地に潜伏した」

と主張する研究者も少なくない。『明智軍記』などでは光秀の長男の名は明智十兵衛《じゅうべえ》光慶《みつよし》とされているが、光慶は臨済宗《りんざいしゅう》の名刹《めいさつ》・妙心寺《みょうしんじ》（京都市右京区）で出家して禅僧・南国梵桂《なんごくぼんけい》となったとみ

る研究者も多い。やがて、南国梵桂は現在の大阪府貝塚市に大日庵《だいにちあん》（海雲寺《かいうんじ》）を建立《こんりゅう》し、父・光秀の墓石を建立したとされている。後に、大日庵は同岸和田市へ移転して本徳寺《ほんとくじ》となったが、本徳寺は肖像画などを所蔵する光秀ゆかりの寺院として名高い。ただし、南国梵桂はこの大日庵で病没したのではなく、墓石を建立した後、

「いずこともなく立ち去った」

と伝えられている。「いずこともなく立ち去った」という伝承と符号するかのように、全国に光慶の不死伝説が残っている。まず、千葉県市原市不入斗《いりやまず》には光慶と生母、妻の墓碑といわれるものがある。その墓碑の表面には向かって右から貞明智侟修禅尼、依源侟禅門、孝侟明貞信女という法名が刻まれている。法名はそれぞれ、生母、光慶、妻のものという。地元の伝承によると、光慶の生母は光秀の側室で、斎藤利治《としはる》（光秀の家臣）が尼《あま》となった側室を護ってここまで逃れたとも伝えられている。さらに、光慶らの墓石の傍らには、息子夫婦のものとみられる墓石もある（信原克哉《のぶはらかつや》『明智光秀と旅』平成17年〔2005〕）。

次に、鹿児島県大崎町柳別府にも光慶にまつわる伝説が残っている。この地の柳別府家こそ光慶の直系の子孫で、かつては同家の周囲に菅原、明智、柳別府という三つの石碑があったという。また、柳別府家の家屋が建っていた場所は山城の道智《どうち》城跡といわれ、この道智城こそ光慶の隠れ家だったものと推測されている。さらに、光慶は大隅志布志《おおすみしぶし》（同志布志町）の大慈寺《だいじじ》の禅僧・龍雲《りゅううん》の

保護を受けていたとも伝えられている。

ただし、江戸幕府の追及を恐れてのことであろうか。元来、柳別府家では系図などを一切残さず、家の歴史は一子相伝で語り継がれてきたという。加えて、惜しいことに先に触れた三つの石碑もある事情によって失われた。それでも、現在の柳別府家の墓碑の台座には、「桔梗」紋が刻まれている（谷本英子「激動戦国を生き抜いた明智光秀の長子光慶」『歴史研究』第六百四十四号）。なお、柳別府家の直系の御子孫は、奇《く》しくも光秀ゆかりの岐阜県可児《かに》市にお住まいである。

◆俳諧師の山端兄弟は光秀の遺児か？

第5章などで触れたように、光秀の嫡子《ちゃくし》・明智光慶（十兵衛）らには不死伝説があるし、『塩尻《しおじり》』などに登場する僧侶・不立《ふりゅう》のように光秀の子、もしくは曾孫《ひまご》を称する者もいた。ほかにも、光秀の遺児が出家して寺院に入ったり、人里離れた場所に落ち延びるなどして、天寿をまっとうしたという説が各種の系図類に記されている。

ところで、江戸時代初期の明暦《めいれき》（1655～1657）、万治《まんじ》（1658～1661）の頃、美濃可児郡久々利《みのかにくぐり》（岐阜県可児市）の俳諧師《はいかいし》に山端慶哉《やまのはたけいさい》がいた（『可児市史』〔第2巻〕）。この慶哉を光秀の遺児とする説は、一般にはあまり知られていないように思う。明暦、万治の当時、慶哉は可児郡の俳壇《はいだん》における長老格で、

薄霞《うすがすみ》のしめか山野こしかはり

今朝のみや酒の匂《にお》ひもまさり草（以上、『玉海集』所収）

などの秀句を残している。前後したが、慶哉は生没年、出自などがまたく不明なのだが、『明智光秀公家譜覚書』には、光秀の遺児という光教《みつのり》に関して、

「童名《わらわな》小源太《こげんた》、作兵衛《さくべえ》、誹名《はいめい》山《やま》の端慶哉《はたけいさい》（註＝誹名は俳名《はいめい》の意）」

という記述がある。慶哉が光秀の遺児であるとすれば、明暦年間（1655〜1658）には八十歳代であったことになる。『明智光秀公家譜覚書』はさらに、光教の弟・光其について、

「童名又太郎《またたろう》、作左衛門《さくざえもん》、後改《のちにあらため》半六郎《はんろくろう》、誹名車来《しゃらい》」

という記述がある。『可児市史』〔第2巻〕には「信憑性《しんぴょうせい》があるか」などと懐疑的な記述があるが、車来の俳号を持つ弟・光其も俳諧師であるという。

周知のとおり、生前の光秀は里村紹巴《じょうは》らの時代を代表する連歌師と交流し、天正10年6月2日の本能寺の変直前にも愛宕《あたご》神社（京都市右京区）で連歌会を開いたという連歌好きであった。また、光秀の直接の先祖か否かは不明だが、室町時代中期の、美濃の土岐氏の一族と思われる明智玄宣《げんせん》・政宣《まさのぶ》父子も連歌好きであった。なお、江戸時代初期に連歌は廃《すた》れ、連歌から派生した十七文字（五・

七・五）の俳諧が大流行することになる。

それにしても、久々利から「指呼《しこ》の間」には、光秀ゆかりという美濃可児郡長山（明智）城跡（可児市）がある。慶哉・車来兄弟が俳諧を好み、慶哉が地元の俳壇で長老格だったのは、光秀ら父祖のＤＮＡを受け継いでいたからなのであろうか。いずれにしても、本能寺の変、山崎の戦いから八十年ほどを経た明暦、万治の頃に、光秀の生誕地といわれる場所のすぐ近くで、遺児といわれる兄弟が文化活動を繰り広げていたという点は興味深い。

◆坂本龍馬は娘婿・明智秀満の子孫か？

現在でもなお、「明智一族の子孫」と歴史ファンに取り沙汰されることが多い歴史上の人物に幕末の志士・坂本龍馬《りょうま》がいる。龍馬は土佐《とさ》高知城（高知市）下の郷士《ごうし》・坂本長兵衛《ちょうべえ》の次男だが、明治16年（１８８３）１月から『土陽《どよう》新聞』に連載された坂崎紫瀾《しらん》氏の『汗血千里《かんけつせんり》の駒《こま》』（単行本のタイトルは『汗血千里駒』）では、

「其の祖先は明智左馬之介光俊《さまのすけみつとし》が一類にして江州《ごうしゅう》坂本落城の砌《みぎ》り遁《のが》れて姓を坂本に改め」

などと記している。ここでいう明智左馬之介光俊は光秀の娘婿、重臣の明智左馬助光春《さまのすけみつはる》（三宅弥《や》平次《へいじ》）を、江州坂本は近江《おうみ》坂本城を指す。この坂本家は「明智一族の子孫」という説は坂崎氏の創作ではなく、龍馬とほぼ同じ時代を生きた坂本家の人々の間で語り継がれていたものであるとい

う。事実、寺石正路氏が龍馬の生家・坂本家の本家に当たる才谷屋《さいだにや》第八代当主・坂本源三郎氏に系図類をみせてもらったところ、

「初代坂本太良五良《たろうごろう》（太郎五郎）は江州坂本産」

と記されていた、とその著『南国遺事』（大正５年〈１９１６〉）に記している。現存する太郎五郎の墓石には、「尊翁《そんおう》（＝太郎五郎）者《は》山城国産也《なり》」と刻まれているので、太郎五郎は京都府南部の生まれなのであろう。

ただし、『汗血千里の駒』では「明智左馬之介光俊が一類（＝一族）」となっている坂本家のルーツに関して、千頭清臣《ちかみきよおみ》氏の『坂本龍馬』（大正３年〈１９１４〉）では、

「光春といふ者、妾《めかけ》某に一子を産ましめしが（中略）某は其《そ》の子を殺すに忍びず、逃れて土佐へ来たり、長岡郡瓶岩《かめいわ》村才谷の人某に救われ、姓を阪本と称するに至る」

となっている。さらに、龍馬研究で一世を風靡《ふうび》した平尾道雄氏は『坂本龍馬海援隊始末記』（昭和43年〈１９６８〉）で、

「龍馬の苗字《みょうじ》阪本は、その祖先が近江国阪本村に起こったのに因《ちな》み、明智氏の一門だらうと云ふので紋所《もんどころ》は桔梗を用いている」

と主張するにいたって、「龍馬は明智光春の子孫」という説が広く知られることになった。ただし、父・長兵衛が天保《てんぽう》９年（１８３８）に土佐藩へ提出したという『阪本家先祖書指出控《さしだしひかえ》』には、

太郎五郎が山城国の生まれとは記されているが、太郎五郎が明智一族だとは記されていないし、ましてや光俊こと光春の側室の子とも記されてはいない。

では、「なぜ明智左馬助光春の側室や遺児が土佐（高知県）へ落ち延びたのか？」という点に関しては、土佐の戦国大名・長宗我部《ちょうそかべ》元親《もとちか》の正室・帰真水心《きしんすいしん》（水心様）が斎藤利三《としみつ》の義姉であったという説明がなされることが多い。春日局の父である利三は確かに光秀の重臣であった。だからといって、「光春の側室や遺児が土佐へ落ち延びた」と説くのは暴論というべきであろう。

冒頭で触れたとおり、「明智一族の子孫」と歴史ファンに取り沙汰されることが多いのだが、龍馬の研究者の間では「龍馬は明智光春の子孫」という説に否定的な意見が多い。その理由は、現存する天正15年の『長宗我部検地帳《けんちちょう》』の佐比谷《さいだに》（才谷）の箇所に、佐比谷領主・戸波親清《へわちかきよ》（元親の従弟《いとこ》）の知行地の耕作者として上《かみ》ヤシキの領民・太郎五郎の名が記されているからにほかならない。さらに、龍馬の祖先が大浜《おおはま》姓から坂本姓へ改姓したのは、江戸時代中期以降であることが系図に記されているのである。

以上の理由により、「龍馬は明智光春の子孫」という説は旗色が悪いのだが、坂本家の家紋は紛れもなく「桔梗」紋である。現在も坂本家の子孫は「桔梗」紋を家紋としているし、「桔梗」紋は桂浜にある有名な龍馬の銅像の着衣にもあしらわれている。

◆ほかにも各地で生き延びた光秀の子孫

光秀の妻妾、子女に関しては『明智系図』（『鈴木叢書《そうしょ》』所収）や『土岐《とき》系図』・『明智系図』（以上、『続群書類従《ぞくぐんしょるいじゅう》』所収）、さらには『明智軍記』などに記述があるが、これらの系図、軍記は信頼が置ける内容ではない。光秀の男子に関しては『明智系図』（『鈴木叢書』所収）に玄琳《げんりん》、安古丸《あこまる》、不立《ふりゅう》、十内《じゅうない》、自然《じねん》、内治麻呂《うちまろ》の名が記されている。六人のうち、安古丸は山崎の戦いで、十内、自然は坂本城攻防戦で敗れ、自害したと記されている。十内というのは光秀の嫡子といわれる人物で、明智十兵衛光慶という名前で呼ばれることが多い。玄琳は出家して京都の妙心寺、不立も同じく京都の天龍寺《てんりゅうじ》（京都市右京区）の禅僧となったという。ただし、坂本城攻防戦で二子が落命したという点からして不確かで、光慶の不死伝説や、光慶と禅僧・南国梵桂とを同一人物とみなす説もある。いずれにしても、光秀の男子やその子孫で、大名、旗本になった者はいない。

一方、光秀には明智秀満《ひでみつ》（三宅弥平次）、明智光忠《みつただ》、織田信澄《のぶすみ》（信長の甥《おい》）、細川忠興《ただおき》などに嫁《か》した娘がいた。光春や光忠に嫁いだ娘は坂本城落城と運命をともにした可能性が高い。これに対して、本章の冒頭で触れたとおり、忠興に嫁いだガラシア（お玉）を通じて、光秀のＤＮＡは現在の天皇家や徳川慶喜、岩倉具視といった歴史上の人物にも受け継がれた。ほかにも、大名家、旗本、公家の子孫でも、光秀のＤＮＡを受け継いでいる家が複数ある。一例をあげると、肥後熊本藩主・細川家の分家である熊本新田《しんでん》藩（熊本市）主・細川家、常陸谷田部《ひたちやたべ》藩（茨城県つくば市）主・細川家は光秀のＤＮＡを受け継いでいる。

次に、光秀の男子・於寉丸《おづるまる》が世間を憚《はばか》って明智姓を明田《あけた》姓に改姓した上で、陸奥《むつ》弘前《ひろさき》藩（秋田県弘前市）主・津軽《つがる》家に仕えたという説がある。この説に関連して、江戸時代中期の京都町奉行所《まちぶぎょうしょ》与力《よりき》、俳人《はいじん》の神沢貞幹《かんざわていかん》の随筆『翁草《おきなぐさ》』に光秀の子孫である能役者《のうやくしゃ》・明田理右衛門《りえもん》が京都の白川橋三条下ルに住んでいたこと、理右衛門が光秀の子孫であることが周囲に知れ渡っていたことが記されている。貞幹は長く与力を務めた町奉行所の生き字引的存在であった。その貞幹が書き残しているのだから、理右衛門が光秀の子孫という話はかなり確度の高い情報とみなすべきであろう。

さらに、光秀＝天海説と「似《に》て非《ひ》なる」説だが、光秀の男子が旗本の実子として育てられたという説もある。その男子は世を憚《はばか》って成長し、後に江戸幕府の旗本・土岐頼次《よりつぐ》の長男・頼勝《よりかつ》として幕府に届け出られたという。以上の明田家、土岐家の子孫については、後述の「光秀の子孫には作家や芸能人が多い！」でさらに詳しく触れたいと思う。

名探偵・明智小五郎は光秀の子孫か？

◆明智小五郎にはモデルが二人いた！

歴史上の明智姓の人物でもっとも有名な光秀は紛《まぎ》れもなく実在の人物であり、安土桃山時代を語るに欠くべからざる人物であることはいうまでもない。ところで、架空の明智姓の人物でもっとも有名な人物といえば、誰もが江戸川乱歩《らんぽ》の探偵小説（推理小説）の主人公である名探偵・明智小五《こご》郎《ろう》の名をあげることであろう。なお、本節では江戸川乱歩、五世神田伯龍《かんだはくりゅう》、二山久《にやまひさし》の三人に限って、敬称を略することにする。

さて、明智小五郎がはじめて登場したのは、乱歩の初期の代表作『D坂の殺人事件』（大正13年〔1924〕）である。以後、乱歩の多くの作品で主人公を務めることになるのだが、探偵・明智小五郎は乱歩が読んだ外国の推理小説の複数の主人公がモデルとみる説がある。

そういえば、乱歩の『黒蜥蜴《くろとかげ》』では、

「明智小五郎は戦災孤児で、しかも明智小五郎という名は本名ではない」

という驚くべき設定になっていることは、乱歩ファン以外にはあまり知られていないものと思われる。残念なことに、乱歩は自身の探偵小説の主人公の名を明智小五郎にした理由について、書き残していない。無論、明智小五郎という名が光秀とはまったく無関係と説く向きもある。たとえば、真名井拓美氏は江戸川乱歩という筆名がアメリカの推理小説作家であるエドガー＝アラン＝ポーを捩《もじ》ったものであると同様に、「あけち・こごろう」というのは「朱血凍《あけちこご》ろう」、すなわち「朱《あか》い血も凍《こご》える」という洒落《しゃれ》が込められていると主張している（「明智小五郎の秘密」『FMCLUB』平成18年〔2006〕12月号）。

また、第5章で触れた光秀が美濃中洞《みのなかほら》（岐阜県山県市《やまがたし》）で生き延びたという説を乱歩が知っていたか否かも不明である。けれども、この生存説に関する記述のある『塩尻《しおじり》』では、中洞に逃れた光秀が用いた変名は荒須（荒深）小五郎であるという。やはり、『塩尻』などの記述を知っていたか否かも不明なのだが、博学だった乱歩が知っていたとしても不思議はない。また、『黒蜥蜴』で、「明智小五郎は戦災孤児で、しかも明智小五郎という名は本名ではない」

という設定は、光秀の不死伝説を踏まえてのものと思われてならない。

余談ながら、映画やテレビドラマのなかの明智小五郎は背広を見事に着こなす、礼儀正しい紳士として登場する。しかし、少なくとも乱歩の初期の作品のなかの明智小五郎は、身だしなみにこだわらぬ、ある意味、天衣無縫《てんいむほう》な人物として描かれている。

そんな明智小五郎だが、

「明智小五郎には実在のモデルがいる」

という根強い説がある。その実在のモデルとは、講談師の五世神田伯龍と、一時、乱歩の助手を務めたことのある二山久の二人である。

◆講談師・五世神田伯龍は光秀の子孫ではない？

これも乱歩ファンの間では周知の事実だが、乱歩自身が作品のなかで明智小五郎について、「講釈師《こうしゃくし》の神田伯龍を思い出させるような歩き方なのだ。伯龍といえば、明智は顔つきから声音《こわね》まで、彼にそっくりだ」

と断言している。それは先に触れた『D坂の殺人事件』の中盤においてである。明治23年（1890）に東京に生まれた五世神田伯龍（1890〜1949）は本名を戸塚岩太郎というが、生まれつき右手が不自由だった。勧める人があって講談の世界に身を投じた岩太郎少年は、伯星《はくせい》、五山《ござん》を経て同45年（1912）に五世伯龍を襲名する。

かといって、芸人として順風満帆《まんぱん》というわけではなかったらしい。痩《や》せて男前だった伯龍は女性客に相当人気があった。何よりも、伯龍は女性が嫌いではなかったから、女性に熱中するあまり高座《こうざ》を連続してサボり、師匠の勘当《かんどう》を受けたという逸話も残っている。

乱歩は両者（神田伯龍、明智小五郎）の「歩き方、顔つき、声音までが酷似《こくじ》している」と断言してはいるが、無論、実在の講談師・伯龍が名探偵であったというわけでもない。逆に、自分が明智小五郎のモデルであることは知っていたであろう伯龍が、その事実に対していかなる感慨を持っていたのかについては伝えられていない。

乱歩は明治26年（１８９３）の生まれであるので、三歳年下の乱歩は伯龍をモデルとして名探偵・明智小五郎を紡《つむ》ぎ出《だ》したことになる。また、乱歩と親交のあった作家・小島政二郎氏は、伯龍をモデルとして『一枚看板』（『小島政二郎作品集』所収）を書いている。『一枚看板』は芸に行き詰まった伯龍が一旦は商家の婿《むこ》養子となったものの、一念発起して講談の世界へ舞い戻り、寄席《よせ》の一枚看板になるまでを描く。

伝えられるところによると、伯龍の生家は現在の東京都台東区で帽子屋《ぼうしや》を営んでいたというが、その生家が光秀の子孫だったという話はつゆぞ聞かない。なお、乱歩は伯龍の高座は何度も聴《き》いていたようだが、乱歩と伯龍が親しく言葉を交わしたのは昭和24年（１９４９）のある雑誌の座談会の企画でのこととされている。ちなみに、明智小五郎と酷似しているという伯龍の声はＣＤ『五代神田伯龍』（『講談十八番大全集』）に収録されており、没後70年を経た今日でも耳にすることができる。

◆もう一人のモデル・二山久の出自は？

乱歩ファンならば伯龍が明智小五郎のモデルという説を熟知しているであろうが、「明智小五郎のモデルという人物がもう一人いる」

といったならば、頭を抱え込む方もいるに違いない。乱歩ファンにすらその存在を知られていない明智小五郎のもう一人のモデルとは、一時期、乱歩の助手を務めた二山久を指す。これも乱歩ファンならば熟知している事実だが、早稲田大学を卒業した乱歩はさまざまな職業を経て、鳥羽《とば》造船所（三重県鳥羽市）に勤務していた。二山はその当時の同僚の一人で、エンジニアであったという。次いで、乱歩が同造船所を辞めて上京するや、二山もこれに従った。やがて、乱歩が探偵小説作家として不動の地位を築いた頃には、二山は執筆に必要な資料を収集する助手として東京の乱歩の邸に同居することになった。

二山は乱歩だけでなく、その家族にとってもかけがえのない存在であったという。一例をあげると、乱歩は三重県在住の女性（小学校教師）と親しい仲だったが、上京する際には女性を連れて行かなかった。以来、落胆《らくたん》した女性は病臥《びょうが》したが、その事実を二山が乱歩に告げたことをきっかけに、その女性は乱歩の妻となった。また、二山は乱歩の長男である平井隆太郎《りゅうたろう》少年の家庭教師も務めている。後年、隆太郎氏は新聞学者、心理学者、立教大学教授となっているので、二山を家庭教師に起用したのは成功であったといえよう。そんな二山であったが、ある出来事が原因で乱歩と衝突し、それが原因で乱歩の邸を去った。以後、乱歩と二山が会うことは二度となかったが、昔を懐かしんだ乱歩はある知人に、二山との再会を実現して欲しいと依頼した。対する二山も乱歩に会いたいと願い、再会を心待ちにしていたが、予定していた日に台風が襲来したためについにそれは実現しなかったという。その頃、二山と親交があったという随筆家・福島萍人《ひょうじん》氏はその著『新有楽町』（津田三蔵編『乱歩の幻影』所収）の中で、二山自身が、

「乱歩の作品の中に出てくる明智小五郎と名乗る人物は自分である」

と、福島氏に語ったことがあるとしている。また、福島氏は、二山が頭の回転が驚くほど早かったこと、着衣にまったくこだわらなかったこと、日々の振る舞いも自由奔放《ほんぽう》であったこと、なども書き留めている。前後したが、福島氏はなぜか『新有楽町』では二山久の名を二川至としている。それはともかく、二山が光秀の子孫であるのか否かという点については、乱歩の作品はもちろん、福島氏の『新有楽町』にも関連した記述がない。

また、文才はあったと思われる二山だが、著作はみつかっておらず、二山の親類や乱歩の研究者で、二山家のルーツについて発表した方もいない。したがって、二山が光秀の子孫か否かは不明なのだが、乱歩研究家の住田忠久氏は乱歩の作品『一枚の切符』に登場する、

「モジャモジャの長髪を指で掻《か》き回《まわ》す癖《くせ》のある左右田《そうだ》五郎は明智小五郎のプロトタイプとみられるが、その人物像も、二山がモデルになっている様に思われる」

と主張している（住田忠久「明智小五郎の謎」『明智小五郎読本』）。プロトタイプとは原型、本格的な生産、発表を前提とした試作品という意味で、確かに『一枚の切符』に登場する探偵・左右田五郎は、着衣にまったくこだわらず、日々の振る舞いも自由奔放であったという二山の言行と似《に》

通《かよ》ったところがあるように思われる。

今から三十年近く昔のことだが、平成初年の一時期に二山久という人物が脚光を浴びたことがある。それは古山寛氏の原作、ほんまりう氏の漫画で『漱石《そうせき》事件簿』や『宵待草《よいまちぐさ》事件簿』が発表されたからにほかならない。二作のうち、『宵待草事件簿』は歴史雑誌『歴史読本』に連載されたもので、当時、同誌に時折、原稿を書いていた筆者（川口）も毎号楽しみに読んでいた記憶がある。両作のうち、『漱石事件簿』の「団子坂殺人事件」は二山が探偵として登場し、難事件を解決するという痛快極まりないストーリーである。

◆昭和の映画俳優・明智十三郎は光秀の子孫か？

太平洋戦争後、映画やテレビで活躍した俳優に明智十三郎《じゅうざぶろう》さん（1926〜2002）という人物がいる。全盛期、映画のオープニングで「明智十三郎」の名を認めた誰もが、「明智十三郎というのは明智小五郎の親戚か？　それとも明智光秀の子孫なのか？」などと噂していたと聞く。そんな明智十三郎さんは大正15年（昭和元年／1926）、当時はわが国の領土だった朝鮮半島の江原道《カンウォンド》で生まれた。本名は鹽谷達夫《しおやたつお》というが、終戦後に石川県へ引き揚げ、地元の金沢医科大学へ進学する。しかし、後に大学を中退し、太泉スタジオに入社して俳優の道を歩みはじめる。当初、本名で映画にデビューするが、映画会社の合併や倒産のために太泉スタジオ→東映→日活→新東宝→松竹と、映画会社の移籍を強《し》いられた。この間、俳優座にいたこともあるが、昭和30年（１９５５）の日活への移籍を機に明智三郎、翌年の新東宝への移籍を機に明智十三郎と改名している。

ちなみに、茨城県出身の俳優・原聖四郎《せいしろう》さん（１９０２〜？）も明智三郎の芸名を名乗った時期があるが、十三郎さんが聖四郎さんから芸名を譲られたというわけではないようである。

後に、テレビへと活動の場を移した十三郎さんは、時代劇や刑事ドラマの名脇役として活躍したのだが、先に触れたように再三再四、映画会社の移籍を強いられたことが禍《わざわ》いしたのか、端正《たんせい》な顔だちにも拘《かか》わらず大作映画の主役を務める機会には恵まれなかった。それでも、新東宝が社運を賭けて制作した大作『明治天皇と日露大戦争』（昭和32年〔１９５７〕）で十三郎さんは、連合艦隊の名参謀・秋山真之《さねゆき》を演じており、その演技は平成12年（２０００）以降に市販されたＤＶＤによって目にすることができる。

では、名参謀ならぬ名探偵・明智小五郎との関係はともかく、「明智十三郎は光秀の子孫なのか？」という点については、かなりの数の映画関係の書籍、雑誌に目を通したものの、結局、確認することができなかった。また、姓氏研究家・太田亮《あきら》博士の『姓氏家系大辞典』や、石川県の姓氏関係の書籍も目を通したが、少なくとも加賀《かが》、能登《のと》（以上、石川県）の塩谷氏を光秀ら明智一族の子孫とする記述は見当たらなかった。

あるいは、十三郎さんが乱歩の作品で大活躍する名探偵に憧《あこが》れて、類似した芸名を名乗った可能性も残る。しかし、十三郎さんが自身の芸名の由来について語っていないので、名探偵・明智小五郎とは二字違いの芸名・「明智十三郎」を名乗った理由についてはわからずじまいであった。ちなみに、十三郎さんも、また先に触れた聖四郎さんも。映画やテレビドラマで明智小五郎を演じたことはない。

光秀の子孫には小説家や芸能人が多い！

◆医学界の恩人・三宅一族は明智一族

わが国医学界の創世記に、四代に渡ってお玉ケ池種痘所《しゅとうしょ》（東京都千代田区／東京大学医学部の前身）や東京大学医学部（東京帝国大学医科大学）の医師、教授を務めた三宅一族という高名な医学一家がいる。医学者、千葉大学名誉教授の三浦義彰《よしあき》博士によると、三宅一族は光秀の弟の子孫であるという（三浦義彰『医学者たちの一五〇年』平成8年〔1996〕）。

子孫の間で語り継がれているところによると、光秀の弟は天正10年の山崎の戦いの後、熊本藩主・細川家を頼り、同家の家老ゆかりの三宅姓を名乗った。家紋は光秀と同じ「桔梗《ききょう》」紋である。医学者としては初代となる三宅艮斎《ごんさい》翁は肥前《ひぜん》島原（長崎県島原市）で医師・同英庵《えいあん》の四男として生まれ、当時、西洋医学の先進地であった肥前長崎（長崎市）で修行し、下総《しもうさ》佐倉（千葉県佐倉市）の順天《じゅんてん》堂《どう》、お玉ケ池種痘所の経営に足跡を残す。

艮斎翁の長男で二代目の三宅秀《ひいず》博士は来日した医学者のヘボンらに師事し、お玉ケ池種痘所の後身である医学所、東京医学校で教鞭《きょうべん》をとる。後に、東京医学校が東京大学医学部、次いで東京帝国大学医科大学に発展すると、教授、医学部長、医科大学長を歴任した。また、明治21年（1888）にわが国初の医学博士となり、同36年（1903）には東京大学初の名誉教授となっている。

秀博士の長男で三代目の三浦鑛一《こういち》博士、その長男で四代目の同仁博士も医学者、東京大学教授で、秀・鑛一・仁の三博士は国内の各種の医学関係の学会の会長などを務め、医学関係の著作もすこぶる多い。このため、「わが国の医学史を専攻する医学者（医学史学者）や歴史学者で、艮斎翁にはじまる三宅一族四代の業績を知らない者はいない」とまでいわれることがあるという。

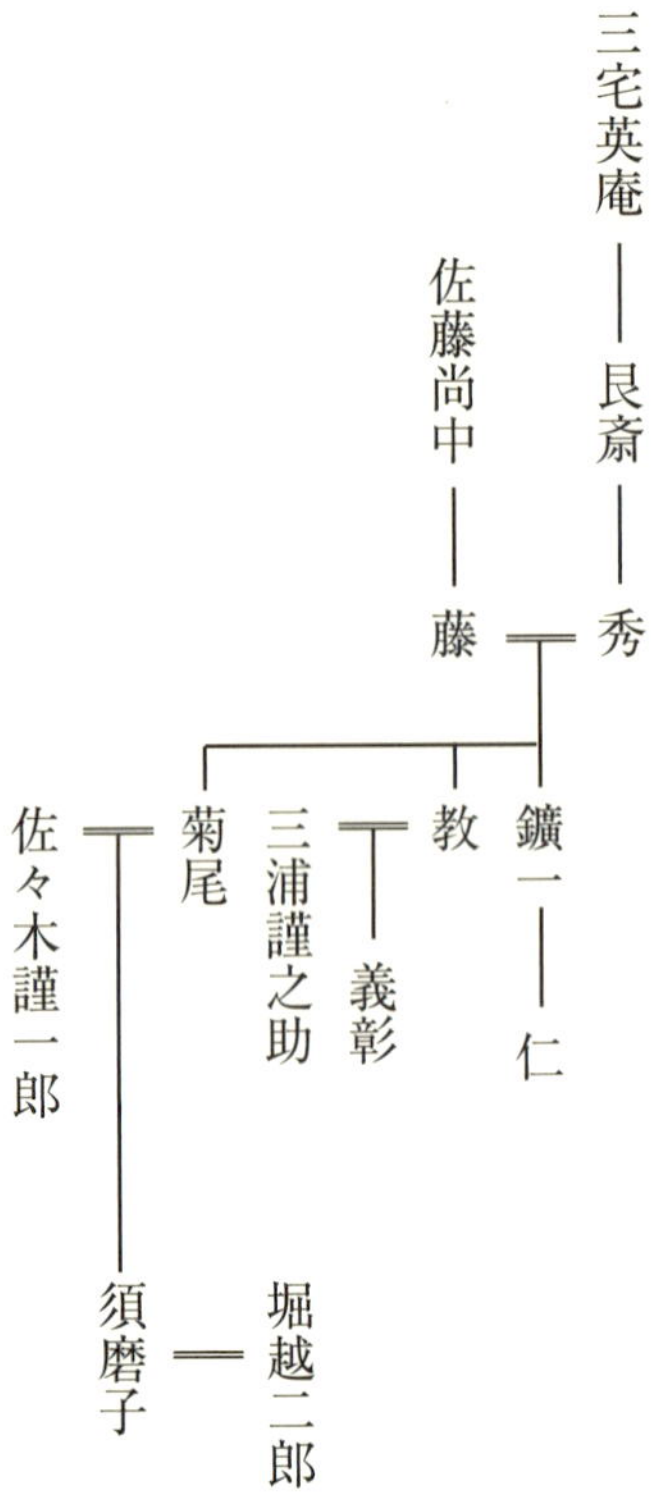

ほかにも、秀博士の妻、鑛一博士の母の藤さんは順天堂の創始者である佐藤尚中《たかなか》翁の娘で、秀博士の娘婿の三浦謹之助《きんのすけ》博士（医学者、東京大学医学部教授）は明治天皇、大正天皇、昭和天皇の三

代の天皇を診察したことで名高い。

さらに、三宅一族の子孫にはほかにも医学者が多い。謹之助博士の息子、秀博士の外孫に当たる三浦義彰博士も医学者、千葉大学医学部教授を務め、三宅一族の歴史を『医学者たちの一五〇年』にまとめている。いずれにしても、光秀の弟の子孫という一族が、わが国医学界の創世記、四代に渡って東京大学医学部教授などを務めているという点は興味深い。

なお、日本海軍の零式艦上戦闘機（ゼロ戦）の設計者として有名な航空技術者・堀越《ほりこし》二郎《じろう》博士は、秀博士の外孫・佐々木須磨子《すまこ》さんの夫に当たる。

◆直木賞作家・出久根達郎は光秀の子孫

古書店主で直木賞作家の出久根達郎《でくねたつろう》氏は現在、日本文藝家協会会長の要職にあるが、その出久根氏は今から60年前の『毎日中学生新聞』昭和33年1月24日号に作文「出久根という姓」を投稿している。後に、この作文は出久根氏の随筆「家紋」（『花ゆらゆら』平成10年〔1998〕所収）に収録されている。「家紋」によると、出久根氏のお父様は折々、

「おれの先祖は、明智光秀の流れをくむものだよ。家紋のキキョウが何よりのしょうこだ。たとえ三日間にしろ、天下をとったご先祖なのだら、お前もしっかりしなくちゃ――」

と真面目な口調で語っていたという。後に、お父様の墓石を建立した際、「桔梗」紋が彫《ほ》られた

と出久根氏は続けている。

ところで、出久根氏は茨城県行方《なめかた》市の御出身である。姓氏研究家の太田亮博士の『姓氏家系大辞典』や、茨城県の姓氏関係の書籍を調べたが、出久根姓は常陸《ひたち》（同県）ゆかりという点が判明した程度で、出久根姓が「明智光秀の流れをくむもの」であるという点は確認できなかった。出久根姓は光秀の子孫ではないものの、女系の先祖のなかに光秀の子孫がいるということであろうか。ただし、出久根氏の著作をかなり調べたが、御自身のルーツについて語っているものはほかにはみつけることができなかった。自身が「明智光秀の流れをくむもの」であるという点について出久根氏は、

「大切な主を殺した人の子孫なんて、自慢にもならないように思う」

という感想を述べておらる。それはともかく、出久根氏は、

「おれの先祖は、明智光秀の流れをくむもの（中略）お前もしっかりしなくちゃ――」

というお父様の言葉を肝《きも》に銘《めい》じていたのだろう。中学校卒業後に集団就職で東京の古書店に就職した出久根氏は、寸暇《すんか》を惜しんで執筆活動を続け、平成５年（１９９３）に『佃島《つくだじま》二人書房』で直木賞を受賞し、先に触れたとおり日本文藝家協会会長にまでなった。

私事で恐縮だが、筆者（川口）は昭和の末年、平成の初年頃には東京の中野、高円寺のあたりのアパートに住んでいた。ある時、アパートから自転車に乗って高円寺の芳雅堂《ほうがどう》という古本屋さんへ行き、竹田直《ただし》氏の『森一族秘話』を購入した。竹田氏は播磨《はりま》三日月藩（兵庫県佐用町）の家老、

槍術師範《そうじゅつしはん》を世襲した家の子孫で、名古屋鉄道副会長を務められた方である。『森一族秘話』は森蘭《らん》丸《まる》の一族の興亡を記した『御家聞伝書《おいえききづたえしょ》』をもとに執筆された力作で、この『森一族秘話』を読んだことがきっかけで、筆者は本腰を入れて森蘭丸、明智光秀、本能寺の変などを研究するようになった。実に思い出深い本である。

余談ながら、当時、筆者が乗っていた自転車には前カゴがなかったので、芳雅堂の御主人に無理をいって荷造用の紐《ひも》を少しもらい、荷台に『森一族秘話』を縛《しば》りつけてアパートまで帰った記憶がある。そういえば、出久根氏は随筆のなかで時折、古書店さん泣かせの客のことに触れている。後に、直木賞を受賞された後、恐る恐る出久根氏の随筆を読み、

「自転車に前カゴがないから、荷造用の紐を少しください」

などと厚かましいことをいった客（＝筆者）が出てこないかを確認した。その結果、幸いなことにそういったたぐいの話は書かれていなかったので、「胸を撫《な》でおろした」という思い出がある。ちなみに、それ以後、可能な限り出久根氏の随筆を読むようになったのだが、かかる段階で遭遇《そうぐう》したのが本項で触れた出久根氏の随筆「家紋」であった。

◆不死伝説を追及した明智滝朗、同憲三郎も

前述の「ほかにも各地で生き延びた光秀の子孫」のところで少し触れたが、光秀の息子・於寉丸《おづるまる》

は坂本城攻防戦などの危難をかい潜《くぐ》って生き延び、京都の神社に匿《かくま》われたという。この時、姓を明智姓から明田姓に改姓し、子孫は弘前藩《ひろさき》主・津軽《つがる》家の家臣となった。時代が下って、明治時代になって子孫の明田潔《きよし》氏が新政府に願い出て、明田姓から本来の明智姓へと復姓した。このことは当時、相当話題になったらしく、以上の経緯が『郵便報知新聞』明治14年（1881）の記事となったほどである。

やはり、これもこれまでに何度か触れたが、神沢貞幹《かんざわていかん》の随筆『翁草《おきなぐさ》』には——明和《めいわ》8年（1771）春、江戸時代中期に京都・粟田口《あわたぐち》（京都市東山区ほか）の住民がいきなり能役者《のうやくしゃ》（笛方）の明田理《あけたり》右衛門《えもん》のもとを訪れ、粟田口にある光秀の墓石を引き取るよう求めた。理右衛門の父はすでに病没しており、年老いた母に右の墓石のことを確認したが、「先祖は丹波《たんば》（京都府中部）の者」だという点がわかっただけで、明田家と光秀の墓石との関係はわからなかった。その旨《むね》を理右衛門が告げたが、粟田口の住民は納得せず、

「御自分（＝理右衛門）は明智殿の御子孫」

だから、どうしても光秀の墓石を引き取るように求めてくる。理右衛門はすこぶる不審なこととは思ったが、結局は墓石を引き取った——という話が収録されている。要するに、母や理右衛門は父から知らされていなかったようだが、「明田家は明智一族の子孫」という事実は、京都の粟田口のあたりでは知らぬ者がいないほどの「公然の秘密」だったのだろう。考えてみると、京都で活躍

した俳人《はいじん》・松永貞徳《ていとく》は織田信長に叛《そむ》いた松永久秀《ひさひで》の孫で、絵師・湯浅又兵衛《またべえ》はやはり信長に叛いた荒木村重《むらしげ》の末子《ばっし》である。当時の京都には、

「滅亡した武将の遺児や子孫を匿《かくま》い、文化人として独り立ちさせてやろう！」

という機運が、横溢《おういつ》していたのに違いない。

その後、理右衛門は津軽藩に笛方として仕えた。子孫の潔氏が明智姓に復姓したことについては先に触れたが、潔氏が新政府に提出した系図類には、於寉丸の生母は光秀の側室であること、山崎の戦いの後に山科《やましな》（京都市山科区）に逃れたこと、明田姓に改姓して各地を点々とした末に、弘前藩に仕えたこと、などが記されていたとされている。光秀以降の系譜は、次のとおりであるという（明智憲三郎「明智家の歴史と『本能寺の変』の真相」『戦国大名の末裔たちが明かす歴史秘話』）。

明智光秀——於寉丸——（中略）——明田利右衛門（理右衛門）——善十郎

鉄太郎——潔——瀧雄——義雄——憲三郎

右の系図では潔氏の子の名が瀧雄氏となっているが、瀧雄氏は昭和30年代に明智滝朗（もしくは明智滝郎）の筆名で論文「明智光秀は生きていた」や「光秀はどこで死んだか」、『光秀行状記』な

どの話題作を相次いで世に問うた。瀧雄氏の、

「光秀は小栗栖《おぐるす》で死んでいない、全国各地に光秀の不死伝説が残っている」

という主張は読者に衝撃を与えずには置かなかった。次いで、瀧雄氏の孫の明智憲三郎氏もやはり、平成になってから『本能寺の変四二七年目の真実』や『本能寺の変431年目の真実』、さらには『「本能寺の変」は変だ』などの話題作を相次いで世に問うた。さらに、憲三郎氏はテレビの歴史番組、歴史雑誌の特集号などでも自家が光秀の子孫であることを繰り返し主張されている。本書の執筆に際して、筆者（川口）も明智瀧雄氏、同憲三郎氏の著作から多くの知見を得た。

◆ナレーターのクリス＝ペプラーも光秀の子孫

海外ではイタリアの女優、医師、政治家のアレッサンドラ＝ムッソリーニさん（独裁者のベニート＝ムッソリーニの孫）、韓国の人気俳優、歌手であるソジソブさん（新羅《シルラ》の名将・閼川《アルチョン》の子孫）などのように、歴史上の人物の子孫で芸能人となった方がいる。

わが国でも歌手、俳優の加山雄三さん（岩倉具視《ともみ》の玄孫）、女優の河内《こうち》桃子さん（理研コンツェルンの総帥《そうすい》・大河内正敏《おおこうちまさとし》の孫）、最近では漫画家の影木栄貴《えいきえいき》さん、歌手のＤＡＩＧＯさん姉弟（以上、竹下登元首相の孫）、モデルの宮沢エマさん（宮沢喜一元首相の孫）のように、歴史上の人物や要人の子孫で芸能界で活躍している方が少なくない。

なお、具視は光秀のＤＮＡを受け継いでいるので、名曲『君といつまでも』を大ヒットさせ、映画『若大将』シリーズで一世を風靡した加山さんも光秀の子孫ということになる。具視から加山さんまでの関係系図は次のとおりである。

岩倉具視――具定――具顕――具子（芸名小桜葉子）
　　　　　　　　　　　　　‖――加山雄三
　　　　　　　　　　　　上原　謙

やはり、前々節で少し触れたが、光秀の男子・頼勝《よりかつ》は江戸幕府の旗本となる土岐頼次《よりつぐ》に引き取られ、長男として育ったという。この土岐家は美濃《みの》（岐阜県）の守護《しゅご》（県知事）を世襲した名族で、光秀ら明智一族は土岐家の支族に当たる。頼勝が土岐家に引き取られたのは、かかる関係からであろうか。そんな頼勝の子孫は江戸幕府の高家《こうけ》（式部官僚）となり、光秀のＤＮＡを受け継いで現在にいたっているとされている。

美声で知られるナレーターのクリス＝ペプラーさん、ＡＬＡＮ Ｊさんの兄弟はドイツ系アメリカ人の父と、頼勝の子孫の日本人の母のハーフである。光秀の子孫の家では多くの場合、江戸幕府などに憚《はば》って光秀以来の系図を持たないところが多い。ところが、この兄弟の家は旗本だったからか、例外的に光秀以来の詳細な系図が伝えられている。

明智憲三郎氏によると、全国に光秀の子孫を称する家は十以上あるが、この兄弟の家のように系図が見事に残っているのは珍しいとのことである（明智憲三郎「明智家の歴史と『本能寺の変』の真相」『戦国大名の末裔たちが明かす歴史秘話』）。これまでに触れたように、キリスト教宣教師のルイス＝フロイスは光秀の長子《ちょうし》らについて、

「欧州《おうしゅう》の王侯《おうこう》の子女のように優美な顔をしている」

と書き残している。フロイスがみた光秀の長子というのは、クリス＝ペプラーさん、ALANJさんのような美男子、イケメンだったのだろうか。

兄弟のうち、特にクリス＝ペプラーさんは芸能界屈指の美声であり、かつ多彩な声色を操って「じっくり聴かせる」ことを得意としている。現在ではナレーターのほかに声優、ラジオ番組のDJなどもしているが、J―WAVE（FMラジオ）の長寿番組『TOKYO　HOT　100』のメイン・ナビゲーターを番組開始当初から務めている。

東京の理髪店ではこの番組が店内に流されていることが多いが、筆者（川口）などは不思議なことにクリス＝ペプラーさんの美声を聴くと、なぜかそのまま眠ってしまう。

また、タレントの明智ハナエリカさんは光秀の子孫の父と、メキシコ人の母とのハーフである。これまでに歌手、女優、スペイン語のナレーター、ラジオのDJなどとして活躍しているが、特に

平成15年（2003）からテレビで放送されたアイフルのCMでは、「透き通るような」歌声がお茶の間の話題となった。

主要参考文献一覧

註＝紙幅の関係で事典、年表、自治体史、雑誌論文、新聞記事などは割愛した。

A、史料

奥野高広・岩沢愿彦校注『信長公記』角川書店／文庫、昭和49年
神郡　周校注『信長記』〔全2巻〕現代思潮社／古典文庫、昭和56年
二木謙一編『明智軍記』新人物往来社、平成6年
松田毅一・川崎桃太訳『完訳フロイス日本史』〔全12巻〕中央公論新社、平成12年

B、研究書・概説書

高柳光壽『明智光秀』吉川弘文館／人物叢書、昭和33年

同　『本能寺の変・山崎の戦』春秋社、昭和33年
奥野高広『足利義昭』吉川弘文館／人物叢書、昭和35年
明智滝朗『光秀行状記』中部経済新聞社、昭和41年
桑田忠親『明智光秀』新人物往来社、昭和47年（復刻『明智光秀』講談社／文庫、昭和58年）
土居晴夫『坂本龍馬とその一族』新人物往来社、昭和60年
三谷茉莎夫『怪の日本史』評伝社、平成3年
桐野作人『信長謀殺の謎』ファラオ企画、平成4年
二木謙一編『明智光秀のすべて』新人物往来社、平成6年
高谷重夫『盆行事の民俗学的研究』岩田書院、平成7年
谷口研語『美濃・土岐一族』新人物往来社、平成9年
小林久三『本能寺の変捜査報告書』ＰＨＰ、平成10年
出久根達郎『花ゆらゆら』筑摩書房、平成10年
小和田哲男『明智光秀』ＰＨＰ研究所／新書、平成12年（改題復刻『明智光秀と本能寺の変』ＰＨＰ研究所／文庫、平成26年）
安倍龍太郎他『真説本能寺の変』集英社、平成14年

藤田達生『謎とき本能寺の変』講談社／現代新書、平成15年
信原克哉『明智光秀と旅』ブックハウスＨＤ、平成17年
桐野作人『誰が信長を殺したのか』ＰＨＰ／新書、平成19年
谷口克広『検証本能寺の変』吉川弘文館、平成19年
井上慶雪『本能寺の変　生きていた光秀』祥伝社、平成20年
住田忠久『明智小五郎読本』長崎出版、平成21年
加来耕三『織田信長・明智光秀事典』東京堂出版、平成23年
高澤　等『戦国武将　敗者の子孫たち』洋泉社／新書、平成24年
小林正信『明智光秀の乱』里文出版、平成26年
谷口研語『明智光秀』洋泉社／歴史新書、平成26年
井上慶雪『本能寺の変88の謎』祥伝社／黄金文庫、平成27年
橋本　章『戦国武将英雄譚の誕生』岩田書院、平成28年
明智憲三郎『「本能寺の変」は変だ！』文芸社、平成28年
同　『光秀からの遺言　本能寺の変４３６年後の発見』河出書房新社、平成30年
橋場日月『明智光秀　残虐と謀略』祥伝社／新書、平成30年

細川珠生『私の先祖明智光秀』宝島社、平成31年
小和田哲男『明智光秀・秀満』ミネルヴァ書房／日本評伝選、令和元年

C、雑誌特集号

『歴史読本』〈特集／織田信長　真説「本能寺の変」〉平成4年12月号
『同　』〈特集／細川幽斎と明智光秀〉平成12年8月号
『同　』〈特集／徹底検証本能寺の変〉平成23年7月号
『別冊歴史読本』〈特集／明智光秀　野望！本能寺の変〉平成元年11月
『同　』〈特集／世界妖怪妖獣妖人図鑑〉平成6年4月
『同　』〈特集／完全検証信長襲殺〉平成6年7月
『同　』〈特集／日本史謎解き史跡探訪〉平成16年9月

川口 素生（かわぐち すなお）
歴史研究家。1961年、岡山県に生まれる。
岡山商科大学商学部、法政大学文学部史学科卒業。法政大学名誉教授・村上直博士に師事。
『井伊直虎と戦国の女100人』『真田幸村は生きていた！』『太平洋戦争海軍提督100選』『スーパー忍者列伝』『日本海海戦101の謎』（PHP研究所）、『江戸大名家事典』『豊臣一族』『島津一族』（新紀元社）、『（新装版）小和田家の歴史』（KADOKAWA）など著書多数。

明智光秀は生きていた！
謎につつまれた生涯とその最期

2019年10月15日 第1刷発行

著　　者	川口 素生
発 行 者	千葉 弘志
発 行 所	株式会社ベストブック 〒106-0041 東京都港区麻布台3-4-11 麻布エスビル3階 03（3583）9762（代表） 〒106-0041 東京都港区麻布台3-1-5 日ノ樹ビル5階 03（3585）4459（販売部） http://www.bestbookweb.com
印刷・製本	三松堂株式会社
装　　丁	株式会社クリエイティブ・コンセプト

ISBN978-4-8314-0232-5 C0021